本书得到中央财政支持地方高校建设项目“西南边疆少数民族地区社会治理研究创新团队”的出版资助

西南边疆
人口较少民族聚居地区
贫困治理研究

刘苏荣 著

民族出版社

图书在版编目（CIP）数据

西南边疆人口较少民族聚居地区贫困治理研究 / 刘苏荣著 . — 北京：民族出版社，2019.9
ISBN 978-7-105-15846-1

Ⅰ. ①西… Ⅱ. ①刘… Ⅲ. ①民族聚居区—扶贫—研究—西南地区 Ⅳ. ① F127.7

中国版本图书馆 CIP 数据核字（2019）第 206634 号

西南边疆人口较少民族聚居地区贫困治理研究

策划编辑：欧光明
责任编辑：李燕妮
封面设计：北京东方乾坤文化传媒有限公司
出版发行：民族出版社
地　　址：北京市和平里北街 14 号
邮　　编：100013
电　　话：010-64228001（汉文编辑二室）
　　　　　010-64224782（发行部）
网　　址：http://www.mzpub.com
印　　刷：北京中石油彩色印刷有限责任公司
经　　销：各地新华书店
版　　次：2019 年 10 月第 1 版　2019 年 10 月北京第 1 次印刷
开　　本：640 毫米 ×960 毫米　1/16
字　　数：200 千字
印　　张：14.5
定　　价：50.00 元
书　　号：ISBN 978-7-105-15846-1/F・443（汉 352）

前　言

贫困治理是政府、市场组织、社会组织等多主体为解决贫困问题，进行资源投入并相互协商、协作的过程，其总体效应是减少贫困、保障贫困人口的权利、提高社会均衡程度。① 贫困治理的目标是实现减贫效益最大化，保证贫困群体“脱真贫、真脱贫”，改革开放四十多年以来，中国的贫困治理已经实现了由“政府包揽”到“多元共治”，“救济式扶贫”到“开发式扶贫”，“物质帮扶”到“扶志扶智”，“区域瞄准”到“个体瞄准”的转变。

在当前，农村的贫困问题已经成为我国全面建设小康社会过程中必须攻克的重要难关。习近平总书记明确指出：全面建成小康社会，最艰巨最繁重的任务在农村，特别是在贫困地区。② 自从20世纪末以来，我国农村贫困问题的一个主要特点就是它越来越集中地出现在少数民族地区。早在20世纪80年代末，习近平总书记就曾经指出：加速发展少数民族地区经济，使他们赶上或接近汉族的发展水平，才能够解除事实上的不平等，使各民族得到共同的繁荣。目前，全国扶贫工作的主战场已开始转移到少数民族地区。③

---

① 李雪萍、陈艾：《社会治理视域下的贫困治理》，载《贵州社会科学》，2016（4），87页。

② 习近平：《习近平谈治国理政》，189页，北京，外文出版社，2014。

③ 习近平：《摆脱贫困》，118页，福州，福建人民出版社，1992。

在我国的人口较少民族聚居地区，当地农村的贫困问题尤其显得突出。人口较少民族是指本民族总人口在30万人以下的28个少数民族，他们大多居住在我国的西部边疆地区，这些地方人口密度低，距离中心城市比较远，交通、通讯、教育和卫生等基础设施落后，经济社会发展的基础十分薄弱。当地的农牧业靠天吃饭，没有什么科技含量，农田水利设施落后，抗击自然灾害的能力极弱，当地的土特产品由于没有科技带动和加工技术，没有形成生产规模，当地的旅游业也缺乏开发，没有形成经济效益。一些乡村生存环境恶劣，居住条件极差，许多村寨的通路、通水、人畜饮水问题尚未解决。总之，人口较少民族在经济社会发展、教育卫生事业、基础设施等方面处在相对落后的地位，就群体而言，这是属于全国人口中最贫困的一部分。[①] 因此，在“十三五”期间，人口较少民族聚居地区是我国脱贫攻坚战役所面临的一块硬骨头。

由于自然、历史等方面的原因，我国人口较少民族的贫困人口绝大多数都居住在我国西部边疆地区的农村，当地的贫困问题还往往同民族问题、宗教问题和边境问题密切相连，因此人口较少民族聚居地区的农村贫困问题就不仅仅是个简单的经济发展问题了，而是个关系到民族平等、团结和共同繁荣，以及边疆社会稳定的重大政治问题。鉴于28个人口较少民族占了我国56个民族的整整一半，因此对人口较少民族聚居地区采取有效的贫困治理策略，对于我国全面建成小康社会的战略目标的实现就显得至关重要了。

经过20世纪80年代以来各级政府在扶贫开发方面的持续努力，我国的贫困人口已经有了较大幅度的减少，但是贫困人口特别是农村贫困人口的总体规模依然比较大。当前，中国剩余贫困人口的分布具有极强的地域指向性和集中分布特征，绝大部分贫困人口分布

---

① 中国人口较少民族发展研究丛书编委会：《中国人口较少民族经济和社会发展调查报告》，11~14页，北京，民族出版社，2007。

在中西部特别是西部地区。在西部地区，位于西南边陲的少数民族地区更是由于地势复杂险峻，少数民族众多，长期处于隔绝状态，而使得其社会经济发展尤为缓慢，贫困问题尤为突出。①

以广西、云南为主体的西南边疆少数民族地区，集中了西部乃至全国最具代表性的边疆边境省区和少数民族省区，其中广西是以壮族为主体的多个少数民族聚居的边疆地区，是中国与东盟之间唯一有陆地接壤又有海上通道的省区，是全国唯一具有沿海、沿江、沿边优势的少数民族自治区；云南是少数民族类别最多和生物多样性最丰富的边疆地区，素有植物王国、动物王国、基因宝库之称。由于受自然、经济、社会、文化、宗教等多种因素的相互制约和历史发展影响，西南边疆民族地区经济社会的整体发展水平非常落后，经济总量偏小，贫困人口的分布极其广泛，而在西南边疆的人口较少民族聚居地区，情况就更为严重了。

在我国现有的 2 个人口较少民族自治州和 16 个人口较少民族自治县当中，作者选择到其中的 1 个人口较少民族自治州和 4 个人口较少民族自治县就当地的贫困治理问题进行了实地调研，它们均地处西南边疆，分别是云南省的德宏傣族景颇族自治州（具体是到芒市和陇川县）、贡山独龙族怒族自治县、兰坪白族普米族自治县以及广西壮族自治区的环江毛南族自治县、罗城仫佬族自治县，它们均属于集中连片特困地区（全国一共有 14 个集中连片特困地区），其中怒江州还是“三区三州”深度贫困地区之一，涉及景颇族、阿昌族、德昂族、独龙族、怒族、普米族、毛南族和仫佬族这 8 个人口较少民族。在田野调查的基础上，在 2014—2018 年间，作者发表了一系列论文，分别从社会救助、精准扶贫、教育、医疗等角度对西

① 向玲凛、邓翔、瞿小松：《西南少数民族地区贫困的时空演化——基于 110 个少数民族贫困县的实证分析》，载《西南民族大学学报（人文社会科学版）》，2013（2），126 页。

南边疆人口较少民族聚居地区贫困治理的相关策略进行了系统而深入的探讨。这些论文大部分是2013年度国家社科基金项目“人口较少民族聚居区城乡一体化社会救助体系建设研究”的阶段性成果。

这本书主要就是由作者发表的上述系列论文组合而成的，而且本书的出版有幸得到了中央财政支持地方高校建设项目《西南边疆少数民族地区社会治理研究创新团队》的经费资助。

目 录

人口较少民族聚居地区农村反贫困策略研究

——基于对我国4个人口较少民族自治县的调查*

当前，农村的贫困问题已经成为我国全面建设小康社会过程中必须攻克的重要难关，习近平总书记明确指出：全面建成小康社会，最艰巨、最繁重的任务在农村，特别是在贫困地区。[①] 党中央历来高度重视贫困人口的脱贫问题，2015年10月，党的十八届五中全会召开，“精准扶贫”被写入全会公报里，随后召开的中央政治局会议通过了《关于打赢脱贫攻坚战的决定》，提出要用5年的时间解决全国7000万贫困人口的脱贫问题，在2015年年底召开的中央扶贫开发工作会议又提出了“坚决打赢脱贫攻坚战，确保到2020年所有贫困地区和贫困人口一道迈入全面小康社会”的战略目标。我国的人口较少民族是指本民族总人口在30万以下的28个少数民族，他们大多聚居在经济发展水平比较落后的边远地区，贫困面广，贫困程度深，脱贫难度大。随着2005年以来我国扶持人口较少民族政策的逐步实施，人口较少民族聚居地区的经济社会发展水平有了较大的提高，但是当地的贫困问题依然非常突出，尤其是在农村地区，因此其脱

---

* 基金项目：2013年度国家社科基金项目“人口较少民族聚居地区城乡一体化社会救助体系建设研究”的阶段性研究成果（项目编号：13XMZ063，项目负责人：刘苏荣）。

① 习近平：《习近平谈治国理政》，189页，北京，外文出版社，2014。

贫任务十分艰巨，必将是今后5年我国脱贫攻坚战所面临的一块“硬骨头”。

人口较少民族大多居住在我国的西部边疆地区，这些地方人口密度低，距离中心城市比较远，交通、通信、教育和卫生等基础设施落后，经济社会发展的基础十分薄弱。当地的农牧业靠天吃饭，没有什么科技含量，农田水利设施落后，抗击自然灾害的能力极弱，当地的旅游业也缺乏开发，没有形成经济效益。一些乡村生存环境恶劣，居住条件极差，许多村寨的通路、通水、人畜饮水问题尚未解决。由于自然、历史等方面的原因，我国人口较少民族的贫困人口绝大多数居住在西部边疆地区的农村，而且当地的贫困问题往往同民族问题、宗教问题和边境问题密切相连。由于人口较少民族占到了我国民族总数的整整一半，因此人口较少民族聚居地区的农村贫困问题就不仅仅是个简单的经济发展问题了，而是个关系到民族平等、团结和共同繁荣，以及边疆社会稳定的重大政治问题，其重要性不言而喻。基于此，对于我国人口较少民族聚居地区的农村反贫困策略进行深入而全面的研究，对于中央扶贫开发工作会议所提出的“坚决打赢脱贫攻坚战，确保到2020年所有贫困地区和贫困人口一道迈入全面小康社会”的战略目标的实现，无疑有着重要的现实意义。

目前我国共有16个人口较少民族自治县，为了深入了解它们的农村贫困现状，课题组到其中的4个人口较少民族自治县进行了实地调研，它们分别是广西壮族自治区的环江毛南族自治县和罗城仫佬族自治县，以及云南省的兰坪白族普米族自治县和贡山独龙族怒族自治县。

一、4个人口较少民族自治县的农村贫困现状

经过20世纪80年代以来各级政府在扶贫开发方面的持续努力，

我国的贫困人口已经有了较大幅度的减少，但是贫困人口特别是农村贫困人口的总体规模依然比较大，而且绝大部分集中在我国西部地区。课题组所调查的这4个人口较少民族自治县均为西部地区的扶贫开发重点县，因此其农村贫困问题是非常严峻的，主要表现为以下几个方面的特点。

（一）自然环境恶劣，农村群众主要从事传统农业，贫困面广

4个人口较少民族自治县的自然环境均比较恶劣，山多地少、土地贫瘠和交通不便是它们的共同特点。例如，贡山县和兰坪县所在的怒江傈僳族自治州属于典型的喀斯特岩溶地貌，境内沟壑纵横、山高坡陡、土壤贫瘠，属于四山夹三江（从东向西依次为云岭、澜沧江、碧罗雪山、怒江、高黎贡山、独龙江、担当力卡山），当地山高谷深、江流湍急、道路险峻，交通十分困难，有“耕地挂在墙壁上”之说。生活在这些地区的怒族、独龙族是我国最边缘化、贫困程度最深的民族，恶劣的自然环境使当地的贫困群众生活在孤立闭塞中，远离了城市和各种现代资源。① 由于自然环境恶劣、居住分散，截至2013年年底，兰坪县近50%的30户以下自然村的温饱、供电、通行、人畜饮水和广播电视等问题仍然没有得到彻底解决，当地的农村扶贫任务十分艰巨。

2011年12月国务院印发的《中国农村扶贫开发纲要（2011—2020）》划定了14个集中连片特困区作为我国扶贫开发的重点攻坚区域，其中就有贡山县和兰坪县所在的滇西边境山区，以及环江县和罗城县所在的滇桂黔石漠化区。此外，贡山县和兰坪县所在的怒江傈僳族自治州是当前云南省经济社会发展水平最落后的州（市），

① 赵曦：《中国西部农村反贫困模式研究》，177～178、168页，北京，商务印书馆，2009。

而环江县和罗城县所在的河池市也是当前广西壮族自治区经济社会发展水平最落后的州（市）。因此，4 个人口较少民族自治县的总体经济社会发展水平是相当之低的，主要表现为：第一产业所占比例过高，第二、三产业的发展严重滞后，人均地区生产总值严重偏低（见表 1）。

表 1　2013 年国民经济主要指标比较表

地区	第一产业所占比例（%）	第二产业所占比例（%）	第三产业所占比例（%）	人均地区生产总值（元）
全国	10.0	43.9	46.1	41528
广西	16.3	47.7	36.0	30588
云南	16.2	42.0	41.8	25083
环江县	44.0	23.2	32.8	13016
罗城县	38.5	27.2	34.3	12052
兰坪县	16.1	51.6	32.3	16104
贡山县	24.5	37.0	38.5	16275

资料来源：全国和省级数据来自于政府部门官网、县级数据来自课题组的实地调研。

从表 1 可以看出，在 2013 年，4 个人口较少民族自治县的第一产业所占比例均明显高于全国平均水平，其中环江县和罗城县的第一产业所占比例是全国平均水平的 4 倍左右。但是，4 个人口较少民族自治县的农业基本上是以传统农业为主，生产方式较为落后，科技含量不高，农业机械化的程度较低，农田水利设施也比较落后，因此当地农业的劳动生产率实际上是很低的。与此同时，4 个人口较少民族自治县第二、三产业的发展严重滞后，导致当地农民的增收渠道很狭窄，收入来源只能主要依靠传统农业，所以贫困面比较广，农村人口贫困发生率远远高于全国的平均水平，也明显高于其所在省份的平均水平（见表2）。

表2　2013年农村人口贫困发生率比较表

地区	农村人口贫困发生率（%）
全国	8.5
广西	14.9
云南	23.7
环江县	30.7
罗城县	37.8
兰坪县	55.9
贡山县	58.1

资料来源：全国和省级数据来自于政府部门官网、县级数据来自课题组的实地调研。

（二）贫困程度深，脱贫难度大

课题组专门对4个人口较少民族自治县的142户人口较少民族家庭进行了入户调查，以了解他们的家庭主要收入来源情况。在贡山县的独龙江乡调查了独龙族聚居的孔当和献九当村委会，在丙中洛镇调查了怒族聚居的丙中洛和甲生村委会；在兰坪县河西乡调查了普米族聚居的箐花和大羊村委会；在环江县下南乡调查了毛南族聚居的中南和堂八村委会；在罗城县四把镇调查了棉花和集环村委会（见表3）。

表3　家庭主要收入来源调查表（单位：户）

民族	村委会	被调查家庭	种植业	养殖业	外出打工	个体经商
独龙族	孔当	10	9	1	0	0
	献九当	10	10	0	0	0
怒族	丙中洛	10	8	0	1	1
	甲生	10	5	1	3	1
普米族	大羊	11	7	1	3	0
	箐花	11	6	2	2	1
毛南族	中南	20	6	4	10	0
	堂八	20	10	7	3	0
仫佬族	棉花	20	13	2	5	0
	集环	20	13	5	2	0

资料来源：相关数据来自于课题组的入户调查。

调查结果显示，在被调查的142户人口较少民族家庭中，其主要收入来源是传统农业（种植业和养殖业）的家庭所占比例分别是：独龙族家庭为100.0%，怒族家庭为70.0%，普米族家庭为72.7%，毛南族家庭为67.5%，仫佬族家庭为82.5%。正是因为经济收入过于依赖传统农业，导致人口较少民族家庭的人均纯收入严重偏低。在被调查的142户人口较少民族家庭中，家庭人均年纯收入在国家贫困线2300元以下的家庭比例分别是：独龙族家庭为100.0%，怒族家庭为100.0%，普米族家庭为100.0%，毛南族家庭为75.0%，仫佬族家庭为87.5%。而家庭人均年纯收入不足1500元的特别贫困家庭比例分别是：独龙族家庭为100.0%，怒族家庭为80.0%，普米族家庭为90.9%，毛南族家庭为62.5%，仫佬族家庭为75.0%（见表4）。存在如此大面积的贫困和特困人口，人口较少民族聚居地区农村群众的贫困程度由此可见一斑。

表 4　人口较少民族家庭人均年纯收入情况调查表（单位：户）①

民族	村委会	被调查家庭数	1000 元以下	1000 ~ 1499 元	1500 ~ 2299 元	2300 元及以上
独龙族	孔当	10	8	2	0	0
	献九当	10	9	1	0	0
怒族	丙中洛	10	8	1	1	0
	甲生	10	6	1	3	0
普米族	大羊	11	7	2	2	0
	箐花	11	9	2	0	0
毛南	中南	20	3	5	4	8
	堂八	20	11	6	1	2
仫佬族	棉花	20	14	2	1	3
	集环	20	8	6	4	2

资料来源：相关数据来自于课题组的入户调查。

（三）农民的人均纯收入远低于当地的城镇居民，并且恩格尔系数过高

因为当地的城镇化水平过低，所以 4 个人口较少民族自治县城乡居民收入存在着较大的差距，占当地人口绝大多数的农民并没有从当地经济的发展中得到多少实惠。通过表 5 可以看出，2013 年，全国的城乡居民收入的对比是 3.03 ∶ 1（城镇在前，农村在后），而环江县是 3.09 ∶ 1，罗城县是 3.45 ∶ 1，兰坪县是 4.74 ∶ 1，贡山县是 5.83 ∶ 1。很明显，4 个人口较少民族自治县的城乡收入差距均大

① 刘苏荣：《论人口较少民族对农村社会救助的现实需求——基于对 8 个人口较少民族 245 户家庭的入户调查》，载《湖北民族学院学报（哲学社会科学版）》，2016（3），42、45 页。

于全国的平均水平，特别是贡山县，其城乡居民收入差距几乎是全国的2倍。

表5　2013年城乡居民收入情况比较表①

地区	城镇化率（%）	城镇居民人均可支配收入（元）	农民人均纯收入（元）
全国	53.73	26955	8896
广西	44.81	23305	6791
云南	40.48	23236	6141
环江县	27.90	17507	5665
罗城县	14.93	15458	4485
兰坪县	13.49	17013	3590
贡山县	18.70	15359	2635

资料来源：全国和省级数据来自于政府部门官网、县级数据来自课题组的实地调研。

不仅如此，4个人口较少民族自治县的农村恩格尔系数，即农民食品消费支出占其总的生活消费支出的比例也是非常高的，不仅远远高于全国的平均水平，也明显高于其所在省份的平均水平（见表6）。

表6　2013年农村恩格尔系数比较表

地区	农村恩格尔系数（%）
全国	37.7
广西	40.0

① 刘苏荣：《人口较少民族聚居地区县域经济的困境及对策——基于对环江、罗城、兰坪、贡山民族自治县的调查》，载《改革与战略》，2016（3），98、99页。

续表

地区	农村恩格尔系数（%）
云南	44.2
环江县	47.5
罗城县	43.4
兰坪县	55.9
贡山县	57.8

资料来源：全国和省级数据来自于政府部门官网、县级数据来自课题组的实地调研。

从表6可以看出，农村恩格尔系数最高的是贡山县，它整整高出全国平均水平20个百分点，高出其所在的云南省的平均水平13.6个百分点。恩格尔系数最低的是罗城县，但也高出全国平均水平近6个百分点，高出其所在的广西壮族自治区的平均水平3.4个百分点，这充分说明4个人口较少民族自治县的农村生活水平是相当之低的。

二、人口较少民族聚居地区农村反贫困策略

鉴于28个人口较少民族占了我国56个民族的整整一半，因此对人口较少民族聚居地区农村采取有效的反贫困策略，对于我国全面建成小康社会的战略目标的实现就显得至关重要了。基于当地农村的一些实际情况，建议人口较少民族聚居地区采取以下几个方面的农村反贫困策略。

（一）充分运用扶持人口较少民族专项政策，大力发展地方特色农业和旅游业

党和政府历来非常重视我国人口较少民族聚居地区特别是农村

的经济社会发展问题，长期对人口较少民族聚居地区特别是农村采取专项政策加以扶持，主要采取整村推进的方式，集中力量帮助人口较少民族加快发展的步伐，走上共同富裕的道路。扶持人口较少民族专项政策的实施对于我国全面建成小康社会和促进各民族共同繁荣，对于维护边疆社会稳定和构建和谐社会具有特殊重要的意义。《扶持人口较少民族发展规划（2011—2015 年）》明确指出：发展特色优势产业是增强人口较少民族聚居地区发展内生动力、增加群众收入的重要途径，要着眼于打造人口较少民族加快发展的产业支撑，发展现代农牧业，全面繁荣农村经济，促进农民增收。

对于山多平地少、人均耕地面积小、人口分布很分散的人口较少民族聚居地区来说，大力发展地方特色农业无疑是比较现实的反贫困策略，而且 4 个人口较少民族自治县也均有着发展地方特色农业的广阔前景。贡山县目前的地方特色农业主要有草果种植、中药材种植（山药、三七、重楼等）、高黎贡山猪养殖和独龙牛养殖，兰坪县的地方特色农业有乌骨羊养殖、中草药种植（重楼、木香、续断等）和核桃、漆树、青刺果等经济林木种植，环江县的地方特色农业有环江香猪养殖、环江菜牛养殖和种桑养蚕业，罗城县的地方特色农业有木薯种植、毛葡萄种植、甘蔗种植和种桑养蚕业。课题组调查发现，发展地方特色农业的经济收益要明显高于传统农业，贡山县的草果种植业、兰坪县的乌骨羊养殖业、环江县的环江香猪养殖业和罗城县的种桑养蚕业，均已成为当地农民的重要收入来源，甚至是最主要的收入来源，比如环江香猪养殖业已经成为环江县的支柱产业之一。总之，在人口较少民族聚居地区发展地方特色农业是大有可为的，它是当地农村反贫困策略的最佳选择之一。

但是，当前 4 个人口较少民族自治县的地方特色农业普遍面临着管理粗放、技术水平低和经济效益低的困境，因此需要改其原有粗放式的传统农业发展模式，实现向现代化的农业发展模式的转变。具体来说，要加大当地特色农业的技术含量，加强对农户的技术培训工作，提高产品附加值。与此同时，要以地方特色农业的开发为平台，大力培养农村经纪人、农产品运销专业化和农村各类流通中介组织，加大扶持发展各类农民专业合作经济组织，促进农产品流通，提高产业化的程度，真正把地方特色农业做大做强，促进贫困村或贫困户的脱贫致富。

本身有着丰富而稀缺的少数民族文化资源，加上当地一些奇特而美丽的自然景观，因此人口较少民族聚居地区发展旅游业也是大有可为的，而且它也很符合当前我国政府所倡导的“低碳生活、绿色产业、循环经济”。旅游业几乎涉及第三产业中所有的行业，包括交通、通信、餐饮、住宿、金融、文化和商业等，游客的大量进入能为当地农民提供大量的非农就业岗位，帮助他们实现脱贫致富。例如，贡山县国土面积的70%属于“三江并流”世界自然遗产核心区，同时又具有独特的多元民族文化，是滇西北旅游环线和香格里拉旅游片区极具旅游开发潜力的重要景区。由于地处中缅、滇藏结合部，使贡山县成为多民族文化与东、西方宗教文化交汇的地方，境内不仅有独龙族神秘的文面文化和剽牛祭天的习俗，也有怒族美丽的仙女传说和吓啦文化，更有傈僳族的起奔和藏族的弦子。因此，贡山县要立足当地特有的区位、自然和人文资源优势，深入挖掘当地的旅游资源，着力打造以“人神共居的和谐家园——丙中洛”和“中国西南最后的秘境——独龙江”为主的生态旅游品牌，努力把旅游业培育成当地农民的主要收入来源之一。

（二）加快当地以小城镇建设为主的新型城镇化进程，做好农村剩余劳动力的转移工作

从某种意义上来说，我国当前正在大力推进的新型城镇化是彻底解决人口较少民族聚居地区农村贫困问题的重要战略选择。新型城镇化所要解决的是整个社会的结构问题，即城镇和乡村在产业、人口、社会等方面的结构和布局问题，其中的核心问题就是调整城

乡之间的关系，促成农业和农村人口向城镇和工商业人口的转移，完成由传统农村为主体的社会向现代城镇为主体和主导的社会的转变，以达到城乡共同繁荣、共同进步。[①] 城镇化水平过低的地方，第二、三产业的发展也会比较滞后，从而难以为当地的农民提供除传统农业之外的增收渠道，严重地制约了农村经济的发展。我国人口较少民族聚居地区经济社会的发展水平比较低，人口的分布也很分散，因此在推进新型城镇化的进程中，把重点放在小城镇建设方面无疑是比较现实的选择，它对于改变当地农村的贫穷落后局面无疑具有重大的现实意义。

小城镇脱胎于农村和农业，但与大中城市相比又存在显著的产业发展差距。小城镇的形成并没有完全脱离农村和农业，只是为农业的发展提供了更为广阔的空间、更便捷的平台，对于改造传统农业，促进农业的产业化、信息化和现代化非常有利。[②] 比如，贡山县的独龙江乡和丙中洛镇，兰坪县的河西乡，环江县的下南乡，罗城县的四把镇，他们分别是独龙族、怒族、普米族、毛南族和仫佬族人口高度集中的小镇，特别是独龙江乡和下南乡，人口较少民族人口占到了当地总人口的95%以上，在这些地方搞好小城镇建设，对于当地人口较少民族的自身发展无疑具有重大的现实意义。[③] 只有把人口较少民族聚居地区的小城镇建设搞好了，大量的人口从农村迁移到城镇居住生活，才能有效改变当地农村的人多地少、传统方式劳作的现状，促进当地分散经营的传统农业向产业化的现代农业的

---

① 厉以宁、艾丰、石军：《中国新型城镇化概论》，67页，北京，中国工人出版社，2014。

② 罗淳、武友德：《小城镇大作为——西南边疆民族地区小城镇建设研究》，23页，北京，光明日报出版社，2009。

③ 刘苏荣：《人口较少民族聚居地区县域经济的困境及对策——基于对环江、罗城、兰坪、贡山民族自治县的调查》，载《改革与战略》，2016（3），98、99页。

转变，并最终改变当地农村贫穷落后的局面。

从长远来看，增加农民收入的主要途径还是扩大非农就业，实现农村剩余劳动力向城镇的转移。但是，在我国经济不断转型的当下，人口较少民族聚居地区的农村剩余劳动力转移不能只一味地关注数量，而是要更多地关注质量。以罗城县为例，当地为帮助农村富余劳动力转移就业，长期深入开展“春风行动送岗位”活动，为进城务工的农村劳动者和下岗失业人员提供职业介绍、职业指导和职业培训等服务，并经常与当地部分规模以上企业一起深入人口规模较大的乡镇举办现场招聘会。截至2014年年底，罗城县共开展职业技能培训班48期，培训城乡劳动者2203人，所培训的工种有汽车驾驶员、维修电工、焊工、客房服务员、餐厅服务员等。但是，当前罗城县的就业结构性矛盾十分突出，招工难与就业难并存：一方面是农村剩余劳动力比较多，另一方面中、高级技能人才严重不足。因此，在我国经济不断转型的当前形势下，人口较少民族聚居地区的相关部门必须想方设法切实提高当地农村剩余劳动力转移的质量。

（三）完善当地的农村社会救助体系，保护特殊贫困群体

在当前，我国很多地方都把着眼于发展农村经济的扶贫开发作为当地农村反贫困战略的主要手段。但是，大量的事实证明，单纯依靠发展经济的反贫困策略是不完整的。世界银行在《2000—2001年世界发展报告》中指出：在诸多减贫政策中，最为有效的政策是通过收入再分配取得更高程度的社会公平。社会救助作为我国城乡社会保障制度的“最后一道安全网”，长期承担着为贫困人口提供基本生活、看病、教育和就业等方面的救助的重任。但是，一直以来，我国农村的反贫困策略都是以扶贫开发为主要手段，社会救助只是被作为一种辅助的手段来加以运用，处于一种相对边缘化的位置。对于人口较少民族聚居地区农村的老、弱、病、残等基本丧失劳动

能力的特殊群体，他们是很难通过传统的扶贫开发手段来加以脱贫的，只能通过社会救助来“兜底”。基于此，完善人口较少民族聚居地区的农村社会救助体系是非常重要的，因为它直接关系到当地农村一些特殊贫困群体的基本生存和发展问题，关乎社会公平正义。

课题组调查发现，由于贫困面太广、贫困程度太深以及脱贫难度太大，4 个人口较少民族自治县均存在着大量的农村低保边缘户，他们的生活很艰难，很多家庭的人均年纯收入在国家绝对贫困线 2300 元以下，但由于人口较少民族聚居地区的农村低保标准大大低于我国当前的农村绝对贫困线，导致这一部分人被排除在农村社会救助体系之外，享受不到相应的低保金、医疗救助和教育救助等社会救助待遇，这样一来，他们的生计就成了大问题。本着国家对人口较少民族实施专项扶持政策的精神，建议将人口较少民族聚居地区的农村绝对贫困人口全部纳入农村社会救助的保障范围之内，切实为人口较少民族贫困群众提供在生产、生活、疾病和教育等方面的社会救助，以充分发挥“最后一道安全网”的作用。①

（四）大力发展当地的教育事业，实现城乡教育资源配置的均衡化

知识贫困和能力贫困是人口较少民族聚居地区农村贫困的主要特点之一，它集中地反映出当地人力资本的匮乏现状，特别是在教育方面。农村教育的不足是农村居民贫困的真正根源，而他们在教育机会方面所受到的社会排斥，是他们缺乏教育、知识与自我发展能力的根源。② 但是，通过发展教育事业、提高人口素质的方法来解

---

① 刘苏荣：《论人口较少民族对农村社会救助的现实需求——基于对 8 个人口较少民族 245 户家庭的入户调查》，载《湖北民族学院学报（哲学社会科学版）》，2016（3），42、45 页。

② 银平均：《社会排斥视角下的中国农村贫困》，210 页，北京，知识产权出版社，2008。

决农村贫困问题，不仅投资巨大、费时费力，而且其减贫效果不如产业开发那么直接和立竿见影，加上地方政绩考核制度存在的一些局限性，于是很多地方政府官员都将教育发展问题放在了当地农村反贫困战略的次要地位，这种现状必须得到切实的改变。

贫困地区劳动力素质低下的结果必然导致劳动力在资源开发与转换、生产方式的选择和调整、农业生产的拓展、先进农业技术的推广应用、对经济机会的把握以及向其他产业的渗透转移等方面面临一系列难以克服的困难和障碍。① 全国 2 亿多文盲，大部分在农村，又主要是在民族贫困地区，这已经成为影响农业生产方向调整，阻滞农村经济发展的一个突出问题。② 基于此，只有促进教育公平，合理分配教育资源，缩小城乡教育的差距，才能凸显教育出对人口较少民族聚居地区农村的反贫困作用。

课题组调查发现，4 个人口较少民族自治县均存在城乡教育资源配置严重不均衡的现象。以贡山县为例，截至 2014 年 6 月，全县教育系统共有本科学历教师 206 人，其中 125 人在县城所在地茨开镇的学校或者幼儿园工作，占总数的 60.68%，丙中洛镇有 43 人，占 20.87%，其余的 38 人分布在捧当、普拉底和独龙江这 3 个乡，其中独龙江乡仅有 3 人。拥有高级职称的教师 27 人，其中 19 人都在县城里的贡山一中工作，占总数的 70.37%，其余 8 人分布在丙中洛、普拉底和独龙江这 3 个乡镇的学校里，捧当乡则是连一个高级职称的教师都没有。贡山县只是在县城所在地茨开镇有一所真正意义上的幼儿园，开展完整的三年制幼儿教育，其余乡镇都只有一年制的学前班教育（见表 7）。

---

① 赵曦：《中国西部农村反贫困模式研究》，177～178、168 页，北京，商务印书馆，2009。

② 鲁建彪：《关于民族贫困地区扶贫路径选择的理性思考》，载《经济问题探索》，2011（5），152 页。

表 7　贡山县专任教师队伍统计表（单位：人）

学校或乡镇	学段	教师人数	教师学历			教师职称			
			本科	专科	中专	高级	中级	初级	未定
贡山一中	高中	56	56	0	0	9	8	25	14
	初中	45	37	7	1	10	24	11	0
丙中洛中学	初中	42	23	19	0	5	12	21	4
普拉底乡	初中	25	18	7	0	2	6	16	1
独龙江乡	初中	6	5	1	0	1	5	0	0
普拉底乡	小学	29	5	22	2	0	21	8	0
独龙江乡	小学	27	2	23	2	0	6	17	4
茨开中心学校	小学	76	29	39	8	0	45	31	0
捧当中心学校	小学	41	7	30	4	0	21	19	1
丙中洛中心学校	小学	45	20	20	5	0	22	22	1
普拉底乡	幼儿	1	0	1	0	0	0	0	1
独龙江乡	幼儿	3	0	3	0	0	0	1	2
捧当中心学校	幼儿	1	0	1	0	0	0	1	0
丙中洛中心学校	幼儿	2	1	1	0	0	0	1	1
城区幼儿园	幼儿	25	3	18	4	0	12	9	4
合计		424	206	192	26	27	182	182	33

资料来源：相关数据来自贡山县教育局。

基于此，在当前情况下，很有必要加强人口较少民族聚居地区的高中阶段和学前阶段的教育，重点则是放在农村中小学师资队伍的建设方面，要通过加大财政投入和实施一定程度上的教育倾斜政策，从而在当地实现城乡教育资源的合理配置，切实改变高学历、高职称教师在县城里扎堆，而在农村中小学里却寥寥无几的不合理现状。与此同时，建议今后各级政府部门还要逐步加大对人口较少民族聚居地区农村学校教学基础设施建设、少数民族学生考试加分和双语教学等方面的政策扶持力度，以切实提升当地农村的教育水平，从而为农村反贫困战略提供人力资本方面的强有力保障。

［原载于《湖北民族学院学报》（哲学社会科学版）2017年第1期］

人口较少民族聚居地区教育救助的完善策略

习近平总书记专门强调过教育救助的重要性，他明确指出："让贫困地区的孩子们接受良好教育，是扶贫开发的重要任务，也是阻断贫困代际传递的重要途径。"① 教育救助是为保障适龄人口的受教育权，从资金、物质和师资力量等方面对贫困地区和贫困学生所提供的帮助。② 根据《社会救助暂行办法》的相关规定，教育救助对象主要包括义务教育阶段在校就读的最低生活保障家庭成员、特困供养人员两类群体。我国的28个人口较少民族大多居住在经济社会发展水平比较落后的中西部省份的边远地区，当地的贫困面比较广。整体的科学文化素质比较低下是制约我国人口较少民族实现脱贫的最大短板，因此人口较少民族群众对于教育救助有着较为强烈的现实需求。

人口较少民族聚居地区主要包括2个人口较少民族自治州、16个人口较少民族自治县和71个人口较少民族乡，课题组对广西的环江毛南族自治县、罗城仫佬族自治县和云南的贡山独龙族怒族自治县、兰坪白族普米族自治县这4个人口较少民族自治县，以及云南省德宏傣族景颇族自治州这1个人口较少民族自治州的教育救助现

---

① 习近平：《携手消除贫困，促进共同发展》，载《人民日报》，2015-10-17（2）。

② 任洁琼、陈阳：《教育救助》，载《社会福利》，2002（11），61页。

状进行了调查，涉及毛南族、仫佬族、独龙族、怒族、德昂族、阿昌族、普米族和景颇族共 8 个人口较少民族。鉴于现行《社会救助暂行办法》所规定的“教育救助”覆盖范围相对较小，所以实际上课题组所调查的是涵盖面更广的贫困学生（不仅仅是低保对象和特困供养人员）资助工作，以及各类政府机构、社会团体和个人的捐资助学状况。

一、人口较少民族聚居地区教育救助存在的问题

（一）日常管理工作比较分散，存在信息不对称现象

目前，我国大多数的县（市）都有专门的机构来负责贫困生资助工作的日常管理，但是课题组在调研时发现，只有环江县和罗城县在当地教育局内部设立了专门的学生资助工作管理中心，而贡山县和兰坪县则均没有设立此类机构，平时主要是由县教育局的普教科和财务科牵头开展学生资助工作，而在德宏傣族景颇族自治州，则主要是当地县级教育局的工会组织牵头做这项工作，其他部门负责协助，因此日常管理工作显得比较分散，其效率也比较低。

在我国，对贫困学生的资助不仅来自于当地的教育局，还来自于民政局、团委、妇联、残联、总工会等相关政府部门和各种社会组织。但课题组在人口较少民族聚居的 1 州 4 县调研时发现，相关的政府部门和各种社会组织在向在校贫困学生提供资助时，往往是单独各自与相关学校进行联系和沟通。也就是说，提供教育救助资源的相关政府部门或社会组织在掌握贫困学生的具体情况方面，与学校相比存在着严重的信息不对称现象，从而导致了一些不公平现象的发生。

（二）农村地区教育救助工作的力度明显不足

人口较少民族聚居地区的经济社会发展水平总体上都比较低，因此当地城乡居民收入均严重偏低，尤其是农村地区。课题组专门对上述4个人口较少民族自治县和云南省德宏傣族景颇族自治州的8个人口较少民族的245户家庭的进行了入户调查，共涉及16个村委会（每个人口较少民族调查了2个村委会），平均每个人口较少民族调查了15户家庭。

调查结果显示，在245户人口较少民族家庭中，人均年纯收入在2000元及以上的家庭占12.7%，人均年纯收入在1500～1999元的家庭占19.6%，人均年纯收入在1000～1499元的家庭占20.8%，人均年纯收入在1000元以下的家庭占46.9%。在2013年的时候，我国农村的绝对贫困线是人均年纯收入2300元，而调查结果表明，85%以上的人口较少民族农村家庭的人均年纯收入是在2000元以下，可见人口较少民族群众的贫困程度是何等的严重。

课题组在调研时发现，子女教育已经成为人口较少民族家庭的主要经济负担之一。总的来看，在245户被调查家庭中，有81户家庭的主要经济支出是用在了子女教育方面，其比例达到了33.1%。调查结果还显示，在245户被调查家庭中，听说过贫困生资助政策的家庭共有129户，占52.7%，这一比例是相当低的，说明当地有关部门的教育救助工作力度明显不足，特别是在农村。

（三）城乡教育资源的严重不均衡成为当地教育救助面临的最大难题

农村地区教育救助工作的力度不足，与城乡教育资源的不均衡有着莫大的关系。我国普遍存在城乡教育资源的不均衡问题，而在人口较少民族聚居地区这种现象尤其严重。

例如，罗城县地处边远大石山区，农村学校点多、面广、线长，布局分散，每年来自山区农村的学生考上大学的仅占全县当年考取大学总人数的10%左右。在地处边远的村级完小和教学点，往往是六七个青年教师挤在一间宿舍里，而这些宿舍属于20世纪建造的比较简陋甚至已经达到危房标准的砖瓦结构房，有的教师连集体宿舍都没有，只好“走教”或借住亲戚家，还有的暂时住在学生宿舍里，这种现象十分普遍。而最为困难的则是当地的农村学校难以招聘到新教师，比如2013年罗城县教育系统计划招录教师178人，结果出现了39个岗位无人报考的现象，而这些无人报考的岗位基本上都是属于当地的农村中小学教师岗位。① 在贡山县，截至2015年6月，全县具有本科学历的教师（共计206人）中有60.68%的人在县城的学校工作，而独龙江乡（我国独龙族的主要聚居地）仅有3名具有本科学历的教师；全县拥有高级职称的教师仅有27人，其中有19人在县城工作，而捧当乡则连一个高级教师都没有。

二、人口较少民族聚居地区教育救助的完善策略

（一）设立专门的贫困生资助工作管理中心，统领当地的贫困生资助工作

为了整合教育救助的资源，提高贫困学生资助工作的效率，我国应该在所有县级教育管理部门设立专门的贫困生资助工作管理中心，有专门的办公场所、设备、人员编制和办公经费，统领当地所有的贫困学生资助工作。政府部门、社会组织或个人在向贫困学生提供资助时，不得独自直接与相关学校联系，而是只能与当地县级

① 刘苏荣：《论扶持人口较少民族政策在实施中面临的问题——基于对我国4个人口较少民族自治县的调查》，载《西南民族大学学报》（人文社会科学版），2015（1），50页。

贫困生资助工作管理中心进行沟通和协调。这样既克服了教育救助的日常管理比较分散的弊端，又能最大限度地避免信息不对称现象的发生。

（二）实施教育事业的城乡一体化发展战略，加大对农村教育事业的投入并重点加强师资队伍的建设

农村贫困家庭儿童的受教育权问题不是单纯的教育救助政策所能解决的，而是需要从农村教育事业的发展规划层面来给予关注。事实上，加大对农村教育的投入力度，打破教育事业的城乡差距，实现城乡教育的一体化发展才是解决农村贫困家庭儿童的受教育权问题的根本出路。城乡教育一体化，是指通过缩小区域城乡教育差异与同一地区不同学校的办学水平差异，从而使城乡教育不仅迈进与地区发展的和谐一体化状态。[①] 城乡教育一体化是在公平正义的核心价值取向下，促进城乡教育互动联结、以城带乡、相互促进和相互影响，重新分配城乡教育资源与要素，以缩小城乡区域教育差距的过程。[②] 城乡教育一体化的最终目标是结果公平，即城乡学校在教育质量上的公平。人口较少民族聚居地区特别需要加大对农村教育事业的投入，重点是要加强农村学校师资队伍的建设。

农村学校招聘教师难的根本原因在于农村教师的工作和生活条件远不如城镇教师，并且工资待遇较低，这在人口较少民族聚居地区表现得尤其突出。基于此，可以考虑建立农村教师补偿制度，具体内容包括：一是工资补偿，即农村地区教师享受高于城镇教师的工资，并且可按偏远程度制定不同的工资补偿标准；二是住房保障，

---

① 成刚：《任县经验——城乡教育一体化的探索》，12页，北京，北京师范大学出版社，2015。

② 李玲等：《构建城乡一体化的教育体制研究》，28页、54页，北京，经济科学出版社，2015。

应该为农村教师提供标准住房或定额的住房补贴，或提供县城里的保障性住房；三是子女受教育优惠政策，使农村教师子女能够无条件入读县城里的优质中小学；四是培训机会的倾斜，增加农村教师参与高层次培训或外出进修的机会。[①] 例如，从 2014 年起，贡山县开始实施乡镇教师补贴制度，全县除贡山一中和城区幼儿园外，其余学校的教职工均享受每月 500 元的乡镇生活补贴，这大大激发了当地乡村教师的工作热情。与此同时，课题组建议人口较少民族聚居地区相关部门还应为农村教师在职称评聘和职务晋升等方面实施一定的倾斜照顾政策，从而让他们获得较好的专业发展机会。

（三）充分利用国家的扶持人口较少民族政策和扶贫攻坚战略，通过实施倾斜政策来加大人口较少民族聚居地区教育救助工作的力度

2016 年 12 月，国务院发布了《“十三五”促进民族地区和人口较少民族发展规划》，明确提出基本公共服务体系建设要延伸至人口较少民族的民族乡、自治县和自治州。与此同时，教育扶贫是我国现有扶贫攻坚战略的一个重要领域，目前“扶贫先扶智，治贫先治愚”的理念已经深入人心。基于此，应该充分利用国家相关政策来加大人口较少民族聚居地区教育救助工作的力度。

例如，2016 年 6 月，德宏傣族景颇族自治州人民政府办公室印发了《德宏州加强教育精准扶贫行动计划》，其主要内容包括三个方面。第一，促进贫困地区义务教育均衡发展，努力办好村级小学和教学点。第二，在特别困难的县（市）建立民族贫困地区教育扶贫示范区，并且科学推进双语教学，加强双语教师队伍建设，在德宏师专建立双语教师培训基地。第三，加强教师队伍建设，具体包括：

---

① 李玲等：《构建城乡一体化的教育体制研究》，28 页、54 页，北京，经济科学出版社，2015。

一是扩大“特岗计划”实施规模，确保特岗教师与在职在编教师享受同等待遇，贫困地区招聘新教师时要优先保障乡村学校对紧缺学科教师的需求。二是完善符合乡村教师实际的职称评定标准，中高级专业技术岗位的设置向乡村学校倾斜。

除了实施一般民族地区所能享受到的降分录取、定向招生和招收少数民族班学生等常规的教育救助倾斜政策之外，建议还要给予人口较少民族聚居地区一些额外的特殊倾斜政策。比如，自 2014 年起，云南省就对全省范围内农村家庭和城市低保家庭中的人口较少民族在读高中生和大学生给予助学补助，该项政策试行三年。根据 2014 年的统计数据，云南省有人口较少民族在读高中生 4555 人，按每人 1000 元补助标准，计划补助 455. 5 万元；在读大学本科和大专生 3625 人，按每人 2000 元补助标准，计划补助 725 万元，共计 1180. 5 万元。

（四）充分利用非政府组织的力量，以求提供更为充足的教育救助资金

在人口较少民族聚居地区，地方政府的财力是非常薄弱的，难以独自承担教育救助工作所带来的财政压力，这个时候迫切需要社会上的各种力量，特别是非政府组织来提供一些教育救助资金。以德宏傣族景颇族自治州陇川县（我国景颇族和阿昌族的主要聚居地）为例，当地很多教育救助资金来自于各种非政府组织，比如中国教育发展基金、浩德国际儿童基金会和利玛窦社会服务基金会等。

当然，更多的时候，教育救助工作需要众多政府机构与非政府组织的通力合作，而不是仅仅依靠哪一方的力量。例如，陇川县确定县二小和县二中为专门招收特困孤儿（主要包括当地的毒品、艾滋影响孤儿和无依无靠儿童）的校点，对特困孤儿进行集中的培养教育，使其享受到与正常家庭孩子一样的受教育权。当地每年由县教育局、团县委和县文化局承办，通过捐资义演文艺晚会的形式向

社会各界筹集教育救助资金。此外，县政协、县红十字会、团县委、妇联、民政、侨办、工会和工商联等部门还大力倡导本单位职工采用“结对领养”的办法来救助特困孤儿。通过政府机关、社会团体和个人的积极配合，多方筹集资金，为特困孤儿实行全免费教育，陇川县创造出了独具特色的教育救助体系。

（原载于《贵州民族研究》2017 年第 10 期）

我国社会主要矛盾发生转变背景下构建城乡一体化社会救助体系的基本策略*

习近平总书记在党的十九大报告中明确指出：我国当前的社会主要矛盾已经由“人民日益增长的物质文化需要同落后的社会生产之间的矛盾”变成了“人民日益增长的美好生活需要和不平衡不充分的发展之间的矛盾”。就我国当前的国情来说，“不平衡”主要是指城乡之间和地区之间的发展的不平衡，民生领域存在不少需要补齐的短板；“不充分”则是指发展的质量和效益不高，特别是农村地区和落后地区的发展不充分，无法满足人民日益增长的美好生活需要。因此，针对我国当前的社会主要矛盾，迫切需要解决好发展过程中的一些具体的不平衡不充分问题，大力提升发展的质量和效益，特别是要解决好农村地区和落后地区的经济社会发展的不平衡不充分问题。

在党的十八大报告中，解决好“三农”问题被列为全党工作的重中之重，报告明确指出推动城乡发展一体化是解决“三农”问题的根本途径，要逐步缩小城乡差距，促进城乡共同繁荣，着力在城乡规划、基础设施和公共服务等方面推进城乡一体化。在党的十九

* 基金项目：2013 年度国家社科基金项目“人口较少民族聚居地区城乡一体化社会救助体系建设研究”（项目编号：13XMZ063，项目负责人：刘苏荣）的阶段性成果。

大报告中，习近平总书记进一步指出：农业农村农民问题是关系国计民生的根本性问题，必须始终把解决好“三农”问题作为全党工作的重中之重。鉴于社会保障是公共服务的主要内容之一，为了彻底解决好“三农”问题，城乡一体化已经成为我国社会保障制度的必然发展方向，而社会救助则是我国现有社会保障制度里很有可能率先实现城乡一体化的领域。

一、我国社会主要矛盾发生转变背景下构建城乡一体化社会救助体系的必要性

“城乡一体化”的概念最早在国内提出的时间是20世纪80年代，此概念一经提出就得到了国内学者们的广泛关注，它针对的是我国城乡经济社会二元分割的现实问题，关注的重点是如何有效破解城乡二元结构。虽然对于“城乡一体化”这个概念尚未形成比较一致的观点，但是国内学者基本上还是达成了以下共识：城乡一体化是以社会生产力达到较高水平为前提的，其实质是消除城乡二元制度或政策所造成的城乡现实差距，从而保障城乡居民权利和义务的平等。[①] 国内的学者主要围绕社会保障、教育、医疗卫生等方面的城乡一体化问题展开了一系列研究，并呈现多学科相互交叉融合的特点，经济学、管理学、政治学、社会学和生态学等学科均有所涉及。

习近平总书记在党的十九大报告中明确提出：“要按照兜底线、织密网、建机制的要求，全面建成覆盖全民、城乡统筹、权责清晰、保障适度、可持续的多层次社会保障体系。”[②] 而城乡一体化的社会

---

① 孙来斌、姚小飞：《中国城乡一体化研究述评》，载《湖北社会科学》，2016（6），53页。

② 习近平：《决胜全面建成小康社会　夺取新时代中国特色社会主义伟大胜利——在中国共产党第十九次全国代表大会上的报告》，44页，北京，人民出版社，2017。

救助体系就是为保障全体城乡困难群众的基本生活，以城乡统筹发展战略为指导，按照统一救助政策、整合救助资源和协调救助行动的要求，赋予城乡弱势群体平等的受救助权，实现对所有城乡弱势群体的平等保护的一种多层次的社会保障体系。[①] 社会公平正义是现代社会保障制度必须遵循的基本原则之一，它主要是指一个国家的社会制度或社会结构要按照公平原则实现分配正义，作为在现代社会保障制度当中处于“兜底”位置的社会救助制度尤其应当遵循此原则。

但是，长期以来我国一直具有较为显著的城乡二元经济社会结构特征，因此社会救助体系的城乡二元分割特征还比较明显，不仅在具体的社会救助项目方面存在多寡的差别，而且即便是同一种社会救助项目，在救助的标准、覆盖范围和管理制度方面也存在较大的城乡差距，存在很明显的“重城镇轻农村”倾向。也就是说，在我国的社会主要矛盾已经发生转变的大背景下，目前我国还比较突出地存在着社会救助制度在城乡间发展的不平衡问题，以及社会救助项目在农村地区发展的不充分问题，这无疑严重损害了农民的合法权益，导致了部分农民不公平感的明显上升，明显有悖于社会公平正义的原则。

我国社会救助体系的城乡二元分割特征首先表现为立足于传统户籍管理的城乡二元化行政管理制度，涉及社会救助对象的认定、社会救助资金的计发和最低生活保障标准的测算等内容的行政管理制度均存在明显的城乡差别。比如，当前我国城乡低保补助水平的差距较大，但这种差距主要不是来自城乡物价水平的差距，而是来自人为的制度安排，它显示了城乡居民身份的差异性。城乡居民的社会救助权不能获得平等的保护，势必造成城乡居民收入差距的进

① 蒋悟真、杨博文：《我国社会救助城乡一体化保障机制探究》，载《江西财经大学学报》，2016（5），93页。

一步扩大，从而不利于社会的和谐稳定。城乡一体化的国际经验告诉我们，城乡一体化有两个主要目标：一是有平等的社会地位和政治权利；二是享有大致相当的基本公共服务。[①] 因此，只有大力促进社会救助体系的城乡一体化，才能使它更好地发挥其作为我国社会保障制度最后一道安全网的“兜底”功能。

习近平总书记在党的十九大报告中明确指出：“增进民生福祉是发展的根本目的。必须多谋民生之利、多解民生之忧，在发展中补齐民生短板、促进社会公平正义。”[②] 而且，根据党中央和国务院的统一部署，社会救助制度在我国当前的精准扶贫战略中处于“兜底”的位置。但是，目前我国农村社会救助在保障水平和资源配置等方面明显落后于城镇社会救助，社会救助的这种城乡二元分割局面是有悖于党和国家的政策导向的，不利于社会的和谐稳定，也加大了解决“三农”问题的难度，不利于党中央的精准扶贫战略的顺利实施。

基于此，当前必须深刻领会习近平总书记关于我国的社会主要矛盾已经发生转变的重要论断的精神，严格贯彻党的路线、方针和政策，在遵循社会公平正义基本原则的前提下对我国现有的社会救助制度进行深入改革，妥善解决社会救助制度所面临的发展的不平衡不充分问题，彻底改变社会救助制度的城乡二元分割局面，建立起惠及所有城乡弱势群体的城乡一体化社会救助体系，以满足人民日益增长的美好生活需要，为解决好“三农”问题发挥其应有的作用。

---

① 樊小钢、朱计：《浙江省城乡社会保障一体化公共政策研究》，28 页，北京，中国社会科学出版社，2012。

② 习近平：《决胜全面建成小康社会　夺取新时代中国特色社会主义伟大胜利——在中国共产党第十九次全国代表大会上的报告》，21 页，北京，人民出版社，2017。

二、我国社会主要矛盾发生转变背景下构建城乡一体化社会救助体系的基本策略

在我国的社会主要矛盾还在是“人民日益增长的物质文化需要同落后的社会生产之间的矛盾”的时候，社会救助制度主要是解决社会救助的覆盖面的问题，主要目标是做到“应救尽救”，对于社会救助的质量和效益的问题则关注不多，特别是在农村地区。虽然我国目前已经基本建立起了覆盖城乡的社会救助制度，但其存在很多亟待完善的地方，特别在我国的社会主要矛盾已经发生转变的大背景下，更是迫切需要解决好社会救助制度在我国城乡间发展的不平衡问题，以及社会救助项目在农村地区发展的不充分问题，切实提升农村社会救助工作的质量和效益，以更好地满足广大农民群众在社会救助方面日益增长的现实需要，从而促进其自身的全面发展。具体来说，需要采取以下几个方面的策略。

（一）完善社会救助立法

迄今为止，我国尚没有一部由国家立法机关制定的社会救助法，社会救助政策主要不是依靠法律，而是主要依靠行政手段的强有力干预来实施的，这使得城乡社会救助工作呈现较大的主观随意性。[①]而且，现有的社会救助行政法规或政策有很多是采取城乡二元分治的理念来制定的，从而导致了我国社会救助制度呈现城乡二元分割的局面：农村最低生活保障制度无论是救助标准或补助水平均明显低于城镇最低生活保障制度，而且在日常管理工作的规范性方面，农村低保也明显不及城镇低保，此外专项社会救助项目在城镇地区

① 杨思斌：《中国社会救助法制建设的现状分析与对策研究》，载《探索》，2008（4），134页。

发展的广度和深度均远远超过农村地区。

鉴于事实上我国城乡居民享受的是差别化的社会救助待遇，由此首先必须将公民的社会救助权制度化和法律化，逐步改革和完善现有的一些社会救助法律法规，以实现对城乡居民尤其是农民社会救助权的有效保护。2014 年 2 月颁布的《社会救助暂行办法》是我国目前最为全面的社会救助法规，但它并未明确提及城乡居民的平等救助权问题，而是以授权条款的形式下放到了地方政府，这未免有些令人遗憾。从法律的位阶来看，《社会救助暂行办法》处在我国法律位阶体系（宪法、基本法、普通法、行政法规、地方性法规以及行政规章）的第四位阶，即行政法规，其本身就位于相对靠后的位置。按照“上位法优于下位法”的原则，这就决定了它的法律效力层次不高，其权威性和约束力受到了一定的削弱，导致执行机构或人员在实施过程中的一些主观随意性。《社会救助暂行办法》虽然在形式上消除了社会救助城乡二元分割的格局，但实际上并没有对城乡社会救助机制和救助资源的整合等方面提出比较具有可行性的具体实施方案或细则。鉴于此，目前必须尽快出台一部法律位阶较高的社会救助法，以较高的法律权威和较强的可操作性来打破我国社会救助制度的城乡二元分割局面。

（二）建立城乡一体化的社会救助行政管理制度

要切实破除城乡二元分治的社会救助理念，以城乡一体化发展的理念来建立社会救助行政管理制度。实际上，我国现行的《社会救助暂行办法》在一定程度上已经破除了以往的城乡二元分治理念，里面的很多条款都不再严格地冠以“城镇”或“农村”的字眼，这本身就反映出城乡二元分治的理念正在逐渐淡化。

当然，要实现社会救助的城乡一体化，仅仅只是淡化或破除城乡二元分治的传统理念是不够的，还要突破城乡二元分割的行政管理模式。这表现为：一方面要取消城乡身份差别，将救助对象统一根据收入标准来划分贫困类型，实施分类救助；另一方面，将所有体现政府社会救助职能的保障工作，全部实行归口管理。在这种模式之下，需要以民政部门为核心，发挥其统筹兼顾的作用，使其成为社会救助工作的统一管理机构。① 总之，要建设真正意义上的城乡一体化社会救助体系，就必须在破除城乡二元分治理念的基础之上，改革现有的城乡二元化的社会救助行政管理制度，具体包括：彻底打破城乡户籍的界限，统一城乡社会救助对象的认定和社会救助金的计发办法，统一城乡社会救助工作的日常管理制度。

（三）破除以户籍制度为代表的体制性障碍

我国现行的户籍制度决定着城乡居民不同的社会保障权益，而现行社会保障制度的城乡二元分治又进一步固化了户籍制度的城乡分割。② 所以，要尽快破除以户籍制度为代表的体制性障碍，以便为建成城乡一体化的社会救助体系提供切实的保障。只有取消了城乡二元户籍制度并逐步剥离附加在户籍制度背后的利益关系，才能缩小城乡差距，真正在城镇和乡村范围内统一调配社会救助资源，实现社会救助的城乡一体化。所以，当前需要进行较为彻底的户籍制度改革，把户籍身份与社会救助待遇完全脱钩。

城乡二元户籍制度将教育、医疗、就业、住房和社会保障等公民权利与户口性质挂钩，人为地拉大了城乡差距。我国当前正在大力推进的新型城镇化必然会伴随着人口的大量流动，而现有的城乡二元户籍制度却人为地割裂城乡，固化着我国城乡二元化的经济社会结构。基于此，很有必要剥离附着在户籍之上的各种社会保障待遇。2014 年 7 月出台的《关于进一步推进户籍制度改革的意见》强调了城镇基本公共服务对常住人口（包括外来务工人员）的全覆盖，在剥离城镇户口所承载的多种福利和待遇上的特权方面迈出了关键

---

① 何平：《公民社会救助权研究》，209 页，北京，北京大学出版社，2015。

② 郑功成：《中国社会保障制度变革挑战》，载《人民论坛》，2014（1），69 页。

性的一步，对于消除进城务工人员享受城镇社会救助服务的制度障碍具有重大现实意义。如果户籍改革不彻底，建设城乡一体化社会救助体系的目标也就很难真正地得到实现。

（四）实现最低生活保障制度的城乡统筹

我国现有社会救助制度中城乡和区域之间的不平衡性较为明显，因此推动社会救助的城乡社会一体化可以探索先实现一定区域内社会救助体系的城乡统筹：一是要实现社会救助行政资源的城乡整合，通过区域内政府部门间的协商、互补来弥补社会救助在城乡之间历史的、人为的差距，达成区域内各方都能接受的统一的行政管理模式。二是实行区域内的城乡社会救助的均衡发展。在一定区域内，建立统一的社会救助行政管理制度，实现区域内城乡救助待遇的均衡。[①] 鉴于最低生活保障制度在我国社会救助制度中的核心地位，实现最低生活保障制度的城乡统筹无疑是实现社会救助的城乡社会一体化的一个关键环节。

城乡最低生活保障制度一体化并不是简单地要求统一城乡低保标准，其发展目标是由城乡二元分立走向低保制度的城乡统筹，最终再走向低保制度的城乡一体化。因此，要摒弃“城乡分治”的二元结构政策思想和做法，树立“城乡一体化”的理念。城乡低保一体化的实质是要彻底消除“二元结构”在城乡低保制度建设中的阻碍作用，给城乡居民以平等的社会救助权。[②] 实现最低生活保障制度的城乡统筹是建设城乡一体化社会救助体系的核心任务之一，“城乡

---

① 岳经纶、李琴：《完善我国社会救助制度的思考》，见岳经纶、刘喜堂、李琴主编：《当代中国社会救助制度：机遇与挑战》，12～13页，北京，人民出版社，2016。

② 葛慧楠、武新：《城乡最低生活保障标准一体化测算方法研究》，见岳经纶、刘喜堂、李琴主编：《当代中国社会救助制度：机遇与挑战》，135页，北京，人民出版社，2016。

统筹”是途径，“城乡一体化”是最终目标。事实上，随着各地经济社会发展和城镇化水平的提高，以及城乡人口流动频率的加快，我国很多地方政府已经认识到低保制度城乡二元分割所带来的公平性和科学性不足的问题，并开始积极探索低保城乡统筹的战略和途径，上海市则是我国最早探索低保城乡统筹的省份。

首先，最低生活保障制度的城乡统筹应该是一个循序渐进的过程，不宜操之过急，尤其不能忽略东部省份与中西部省份之间，乃至同一省份的不同地区之间在经济社会发展水平上的巨大差距，即不能脱离地方经济社会发展的实际水平而盲目地设立一些过高的目标。基于此，课题组赞同胡宏伟等人的观点，可以将低保城乡统筹的路径设置为三个主要阶段，它们分别是市内类型区统筹、省内类型区统筹和全国类型区统筹（见表1）。

表1　低保城乡统筹实施路径①

阶段划分	阶段任务
市内类型区统筹阶段	1. 完成户籍制度改革，取消城乡身份限制，建立统一居民登记制度；不再以城乡身份为标准划分低保的依据，而是强调依据城乡居住地生活成本来确定低保标准。 2. 在全国、省、市三个层面，根据经济发展、生活水平、地方财政能力等因素，在每个层面明确划分几个类型区，不同的类型区可执行不同的低保标准。 3. 实现市类型区内城乡低保标准的分别统一（城镇和城镇

① 胡宏伟、李佳怿、杜涵蕾：《我国最低生活保障制度城乡统筹模式与路径研究》，见岳经纶、刘喜堂、李琴主编：《当代中国社会救助制度：机遇与挑战》，116页，北京，人民出版社，2016。

续表

阶段划分	阶段任务
市内类型区统筹阶段	统一，农村和农村统一）。 4. 逐步缩小市内类型区内城乡之间的低保标准差距。 5. 逐步缩小市内各类型区之间的低保标准差距。 6. 完成除低保标准之外的制度管理的统一，具体包括： （1）完成城乡低保制度（法律法规、工作程序等）的统一； （2）完成城乡低保资金筹集、运营等方面的统一； （3）完成城乡低保管理（组织机构、人员队伍、管理制度等）的统一。 7. 构建低保制度与其他保障机制的协调发展。
省内类型区统筹阶段	1. 进一步夯实户籍改革成果，落实依居住证享受当地公共服务的权利。 2. 进一步调整、完善省内类型区的划分。 3. 实现省内类型区城乡低保标准的分别统一，鼓励有条件的省实现低保标准城乡统一。 4. 逐步缩小省内类型区内低保标准差距。 5. 逐步缩小省内各类型区间的低保标准差距。
全国类型区统筹阶段	1. 进一步调整和完善国家类型区的划分。 2. 实现国家类型区内低保标准的城乡分别统一。 3. 进一步缩小国内各类型区间的低保标准的差距。

其次，需要建立城乡统一的最低生活保障行政管理制度，具体的措施主要包括以下三点：一是城乡最低生活保障资金筹集的统一，主要是财政拨款的渠道要统一；二是最低生活保障标准测算和调整机制的城乡统一；三是建立全国统一和城乡有别的家庭经济状况调查制度。[①] 要特别重视低保工作的日常监管，使城镇和农村形成统一的申请、核查、审批和公示程序，并且做到严格执行，完善群众监

① 郑功成主编：《中国社会保障改革与发展战略（总论卷）》，102 ~ 103 页，北京，人民出版社，2011。

督机制，对于违规操作的居委会或村委会干部要严肃处理，以切实维护城乡最低生活保障制度的公信力。

再次，应当规范城乡低保的标准并逐步缩小城乡差距。在理想状态下，城乡一体化的低保制度应当是通过补差发放的手段，使城乡困难居民的基本生活水平达到一致。鉴于农村与城镇的经济发展水平存在客观差距，生产资料也有所不同，因此不应机械地将城乡标准统一和补差统一作为城乡低保统筹发展的目标。① 建议在国家层面出台推进城乡低保统筹的法律法规，明确城乡低保统筹发展的目标任务、工作方法和操作程序，制定统一的城乡低保标准量化调整办法，将城乡低保标准与上年度城乡居民人均消费支出水平挂钩，以求达到使城乡贫困居民的生活水平基本一致的目标。

我国城乡最低生活保障标准多以县（市、区）为单位制定，因此全国有5000多个城乡最低保障标准，由于缺乏必要的统筹层次，导致许多经济发展水平和居民消费水平大致相同的地区，其最低生活保障标准存在差距，产生被社会广为诟病的“同命不同价”现象。许多地区在制定低保标准时“看米下锅”，只考虑“生存需求”，轻视“发展需求”，导致最低生活保障标准明显偏低。一些地方缺乏动态调整机制，最低生活保障标准调整的随意性较大或者难以有效应对物价上涨等突发问题，从而影响救助的效果。② 基于此，建议通过国家层面立法统一规范最低生活保障标准的调整机制。城乡最低生活保障制度的一体化并不是要在城乡推行同样的救助标准，而是允许存在一定的差异，应该严格按照当地生活必需品的物价水平来制定城乡低保标准，而不是根据当地政府的财力来“看米下锅”。

① 钟一涵：《最低生活保障制度城乡统筹发展调研报告》，载《中国民政》，2016（10），34页。

② 朱勋克：《社会救助法新论》，104页，北京，中国社会出版社，2015。

（五）实现专项社会救助在城乡间的均衡发展

在我国，贫困人口主要分布在农村，但社会救助资源在城乡间的分配长期重城镇轻农村，农村各项社会救助待遇都远不及城镇，城镇高水平的社会救助与农村低水平甚至是缺失的社会救助并存。[①]而且，我国许多地方政府为了降低行政管理成本，简单地把城乡低保资格作为享受医疗救助、教育救助、住房救助和就业救助等专项社会救助的前提条件，从而使专项社会救助政策失去了应有的公平性。因此，在构建城乡一体化的社会救助体系过程中，只有实现专项社会救助在城乡间的均衡发展，让处于弱势地位的农民和城镇居民都能平等地享受到应有的专项社会救助，才有可能真正发挥社会救助的“兜底”功能，帮助救助对象摆脱“贫困陷阱”，下面以医疗救助为例，谈谈专项社会救助的均衡发展策略。

首先，要建立城乡一体化的医疗救助体系。要将城镇和农村融为一体，实行城乡一体化的医疗救助，消除城乡差别，取消起付线，扩大救助范围，增加救助病种，提高救助标准，为城乡困难群众提供更好的医疗保障。把有限的资金向“三无人员”、五保户、重病和重残等人员倾斜，切实解决困难群众的看病难问题。[②] 总之，医疗救助的最终目的就是要让城乡困难群众能较为公平地享受到医疗救助待遇，而不应因为常住地、职业或户籍的不同而进行区别对待，同时对于城乡特殊困难群体还要实施适当的倾斜政策，以充分发挥医疗救助在我国城乡医疗保障制度中的“兜底”作用。自2014年开始，我国已经实现了城乡医疗救助资金的统筹和管理一体化，这是

① 王丽华：《农村反贫困与就业援助专项制度建设研究》，137页，北京，民族出版社，2012。

② 崔炜、周悦：《医疗救助城乡一体化——国外经验与中国发展策略》，见林闽钢、刘喜堂主编：《当代中国社会救助制度：完善与创新》，91~92页，北京，人民出版社，2012。

我国医疗救助城乡一体化的一个标志性事件，它直能有效提高医疗救助资金的抗风险能力，切实改变原有的医疗救助资金重城镇轻农村的局面，缓解农村地区的“因病致贫”现象。

其次，实现城乡基本医疗保险制度的统筹。实现城镇和农村医疗救助的均衡发展，必须要具备一定的制度环境，而实现基本医疗保险制度的城乡统筹是实现城乡医疗救助的公平性的重要前提。我国城镇职工医疗保险主要面向在城镇有工作单位或灵活就业的人员，城镇居民医疗保险主要覆盖城镇非就业人群，新型农村合作医疗主要覆盖农村居民，而且我国城镇职工医疗保险的保障水平要明显高于城镇居民医疗保险和新型农村合作医疗。而且人力资源和社会保障部门和卫计委这两个城乡基本医疗保险主管部门分别建立起了各自的管理体系和运行机制，这样就导致了既加大了管理和运作的行政成本，同时患者的医疗信息也没有在两大医疗保险主管部门之间做到很好的共享和对接，实际上这已成为建设城乡一体化医疗救助体系所要面临的一大障碍。

一般来说，整合城乡居民基本医疗保险主要需要做到以下两点：一是整合后的城乡居民基本医疗保险制度统一划归人力资源和社会保障部门管理。二是建立城乡居民医保信息系统，将居民医保的有关资料统一纳入医保信息系统。[①] 2016 年 1 月发布的《国务院关于整合城乡居民基本医疗保险制度的意见》明确提出：推进城镇居民医保和新农合制度整合，逐步在全国范围内建立起统一的城乡居民医保制度。要做到“统一覆盖范围、统一筹资政策、统一保障待遇、统一医保目录、统一定点管理、统一基金管理”。这个文件的发布，为实现真正意义上的医疗救助城乡一体化铺平了道路。

再次，实现城乡医疗卫生资源的均衡配置。医疗救助实现城乡一

① 杨良初、林太平：《城乡基本医疗保险制度整合：亮点与建议》，载《中国财政》，2016（5），48～49 页。

体化的一个重要前提就是城乡医疗卫生资源配置的均等化，但是我国目前医疗卫生资源的分布不够合理，存在着较为严重的城乡医疗卫生资源配置不均等现象。从千人医疗机构床位数、千人卫生技术人员数和千人执业医师数等基本衡量指标来看，我国农村的医疗卫生资源远远不及城镇，并且这种差距还呈现出逐年扩大的趋势，这成为医疗救助实现城乡一体化的现实障碍。通过对城乡医疗卫生资源相关指标的分析，能清晰地看出我国医疗卫生资源分布的巨大城乡差距（见表2）。

表2　我国城乡医疗资源的投入、产出和效率指标①

地区	类别	指标	2010年	2011年	2012年	2013年	2014年
城镇	物力投入	每千人医疗机构床位数（张）	5.94	6.24	6.88	7.36	7.84
		疾控中心万元以上设备台数（台）	53004	54871	53520	60529	69560
	人力投入	每千人医疗卫生人员数（人）	7.62	6.68	8.54	9.18	9.70
		中级职称以上医疗卫生人员百分比（%）	32.6	31.4	30.3	28.8	28.7
		本科以上学历医疗卫生人员百分比（%）	24.9	25.7	26.7	27.6	29.2
	生产效率	DEA得分	0.936	0.960	0.949	0.941	0.915

①　杨林、李思赟：《城乡医疗资源非均衡配置的影响因素与改进》，载《经济学动态》，2016（9），64～65、67页。

续表

地区	类别	指标	2010 年	2011 年	2012 年	2013 年	2014 年
城镇	医疗产出	诊疗人次（亿次）	42.79	46.46	50.50	53.77	55.63
	偏好	人均卫生费用（元）	2315.5	2697.5	2999.3	3234.1	3487.5
		人均可支配收入（元）	19109.4	21809.8	24564.7	26955.1	29381.0
		人均医疗保健支出（元）	871.8	969.0	1063.7	1136.1	1305.6
	受益	婴儿死亡率（%）	5.8	5.8	5.2	5.2	4.8
		孕产妇死亡率（人/10 万人）	29.7	25.2	22.2	22.4	20.5
农村	物力投入	每千人医疗机构床位数（张）	2.60	2.80	3.11	3.35	3.54
		疾控中心万元以上设备台数（台）	41785	44284	46779	51737	57182
	人力投入	每千人医疗卫生人员数（人）	3.04	2.66	3.41	3.64	3.77
		中级职称以上医疗卫生人员百分比（%）	14.9	21.9	14.9	14.3	14.5
		本科以上学历医疗卫生人员百分比（%）	5.7	5.9	5.7	7.5	7.8
	生产效率	DEA 得分	0.836	0.858	0.849	0.860	0.862

续表

地区	类别	指标	2010 年	2011 年	2012 年	2013 年	2014 年
农村	医疗产出	诊疗人次（亿次）	15.59	16.25	18.38	19.37	20.39
	偏好	人均卫生费用（元）	666.3	879.4	1064.8	1274.4	1424.3
		人均纯收入（元）	5919.0	6977.3	7916.6	8895.9	9892
		人均医疗保健支出（元）	326.0	436.8	513.8	668.2	753.9
	受益	婴儿死亡率（%）	16.1	14.7	12.4	11.3	10.7
		孕产妇死亡率（人/10 万人）	30.1	26.5	25.6	23.6	22.2

表 2 中的 DEA 系数的投入为医疗机构床位数，产出为诊疗人数和出院人数，它反映的是医疗机构的投入—产出效率水平。婴儿死亡率和孕产妇死亡率反映居民的健康水平。从表 2 可以看出，无论是物力投入方面还是人力投入方面，我国农村地区医疗卫生资源的配置明显不如城镇地区，并且这种差距自 2010 年以来并无明显的缩小迹象。城乡医疗卫生资源既包括物力资源，也包括人力资源，而均衡配置城乡医疗卫生资源对于医疗救助的城乡均衡发展是至关重要的。基于此，应该做到以下两点：第一，加大农村地区医疗物力资源配置的力度，促进优质卫生资源向农村延伸。优化农村医疗环境，构建门类齐全的农村医疗服务体系。第二，促进优质医疗人力资源在城乡间的流动。引导城镇医疗卫生人力资源向农村转移，同

时建立城镇医院定点帮扶农村医疗机构的长效机制。①

（六）建立城乡一体化的社会救助网络信息平台

随着我国城乡之间人员流动的日益频繁，建立城乡一体化的社会救助网络信息平台显得很有必要，因为它有利于社会救助工作日常管理的科学化，特别是大大便利了对城乡社会救助对象的动态管理。鉴于我国当前社会救助网络信息系统存在的一些现实问题，迫切需要进行完善，在互联网时代，不建立城乡一体化的社会救助网络信息平台，城乡一体化的社会救助体系也就无从谈起。

首先，建立城乡一体化的社会救助信息数据库。目前，城乡一体化的社会救助信息数据库尚未在我国全面建立起来，林闽钢教授建议逐步建立城乡各类困难群众基本信息数据库，形成省、市、县、乡镇、村五级纵向贯通，部门横向互联的社会救助信息共享机制。②在所有的城乡社会救助信息数据库里，城乡低保信息数据库无疑是其中最重要的一个组成部分，它承担着城乡社会救助各个业务系统的基础数据库的作用，是整个民政信息系统中用户量最大、涉及资金最多、服务对象最多、与困难群众基本生活最息息相关的数据库。因此，城乡低保信息数据库应该被放在我国城乡一体化社会救助信息数据库建设的首要位置。基于我国当前的基本国情，要建成城乡一体化的低保信息数据库，最大的难点在于农村，因此要把农村低保信息数据库作为工作的重点，通过对农村低保信息数据库精确、完善和有效的管理，为农村各类弱势群体及时而有效地提供各种社会救助。

---

① 杨林、李思赟：《城乡医疗资源非均衡配置的影响因素与改进》，载《经济学动态》，2016（9），64～65、67页。

② 林闽钢：《新型社会救助体系的目标定位和发展路径》，见邓大松、刘喜堂、杨红燕主编：《当代中国社会救助制度：比较与借鉴》，8页，北京，人民出版社，2014。

其次，建立社会救助信息化网络管理平台。在建立城乡一体化社会救助信息数据库的基础之上，还要积极推动跨部门、多层次和信息共享的社会救助信息化网络管理平台，具体包含社会救助对象基本信息网络数据库、社会救助信息反馈系统和全国互联的城乡社会救助信息交换平台。唯有如此，方能有效应对我国人口跨城乡、跨县域和跨省域流动日益加剧的情况下，给全国各地的社会救助管理工作所带来的巨大挑战。当然，基于最低生活保障制度在当前我国城乡社会救助体系中的基础性地位，所以城乡一体化社会救助信息化网络管理平台建设最重要的部分是在城乡最低生活保障领域。地方政府有关部门之间要积极实现城乡低保信息的共享，及时把握低保对象的信息动态，从而真正地把城乡低保对象的动态管理落到实处。

再次，加快建立省级及以下城乡居民家庭经济状况核对信息平台。经济状况核对是审核城乡居民是否符合申请城乡低保资格的一个关键环节，所以建立居民经济状况核对信息平台是建立社会救助信息化网络管理平台的重要前提。基于我国的国情，先着手建立省级及以下城乡居民家庭经济状况核对信息平台，然后再建立全国统一的城乡居民家庭经济状况核对信息平台。例如，2014 年 6 月，全国首家率先投入使用的省级核对信息平台——广西低收入家庭经济状况核对信息平台建成并正式启动。在 2014 年的下半年，整个广西共接受城乡低保救助受托核对 91 万户总计 256 万人，核查出一批有车辆、农用机械、渔船、房地产、上缴个税、上缴住房公积金以及享受财政涉农补贴等疑似不合规的城乡低保对象，其中已经有 2. 55 万人被停保或退出，这充分说明了建立省级及以下城乡居民家庭经济状况核对信息平台的重要现实意义。

（原载于《学术探索》2018 年第 8 期）

人口较少民族聚居地区农村危房改造现状分析

——以罗城仫佬族自治县为例*

我国的人口较少民族是指本民族总人口在30万以下的28个少数民族，他们大多居住在边疆省份的高山峡谷中，就群体而言，他们是属于全国人口中最贫困的一部分。[①] 由国务院审议通过的《扶持人口较少民族发展规划（2011—2015年）》明确指出：要加强人口较少民族聚居地区农村人居环境的建设，加快农村危房改造步伐，推进游牧民定居。鼓励和支持农牧民建设富有地方特点、民族特色、传统风貌的抗震安全节能环保型住房，保护有历史文化价值的古村落和古民宅。因此，人口较少民族聚居地区的农村危房改造不仅是一般意义上的农村住房保障政策，也是我国扶持人口较少民族专项政策的一项重要组成部分，具有特殊的意义。基于此，课题组到我国16个人口较少民族自治县之一的罗城仫佬族自治县进行了调研。

---

* 基金项目：2013年度国家社科基金项目“人口较少民族聚居地区城乡一体化社会救助体系建设研究”（项目编号：13XMZ063，项目负责人：刘苏荣）的阶段性成果。

① 中国人口较少民族发展研究丛书编委会：《中国人口较少民族经济和社会发展调查报告》，14页，北京，民族出版社，2007。

一、罗城仫佬族自治县农村危房改造的基本现状

罗城县的农村危房改造工作是从2009年开始的，目前已经连续实施了10个批次共计9884户，完成建筑面积733048.4平方米，完成投资额64807.82万元。涉及全县11个乡镇、126个村、16个社区，受益人口4万多人。至2014年年底，罗城县已完成危旧房改造9884户，总计完成建筑面积为748384.4平方米，完成总投资65011.82万元，其中政府补助投资总额为17203.9万元（见表1）。9884户农村危旧房改造家庭在罗城县的具体分布情况为：东门镇1343户，龙岸镇1391户，黄金镇667户，小长安镇906户，四把镇1176户，天河镇861户，怀群镇1121户，乔善乡847户，宝坛乡626户，纳翁乡413户，兼爱乡533户。

表1　罗城县历年危房改造情况统计表

年度	危房改造指标（户）	新建房屋面积（平方米）	总投资（万元）	政府补助（万元）
2009	1270	88064	4814	1524
2010	500	39120	1854	719
2011	1150	85848	7343	1840
2012	1964	150428	13721	3536
2013	2000	140729	14760	3825
2014	3000	244192	22521	5760

资料来源：相关数据由罗城县住建局提供。

根据广西壮族自治区的相关规定，罗城县的农村危房改造按“农户自筹为主、政府补助为辅”的原则，在补助标准方面，倾斜扶

助特殊困难户。2009—2011年采取的是平均分配补助标准的办法，从2012年起，农村危房改造的补助金额不再平均分配，不同的对象补助金额会有所差别。2014年，罗城县农村危房改造补助金额为户均19200元，其中分散供养的五保户补助30000元，低保、贫困残疾户、贫困成年孤儿补助22000元，诚信计生贫困户（指独生子女贫困户、双女结扎贫困户）、农村复员军人、带病回乡退伍军人、烈士遗属、因公牺牲军人遗属、病故军人遗属等贫困优抚对象和见义勇为人员家庭每户补助20500元，一般贫困户补助18000元左右，具体由乡镇统筹安排。

二、罗城仫佬族自治县农村危房改造存在的主要问题

（一）获得农村危房改造指标的农户大多是相对困难户，而作为农村社会救助对象的特殊困难户很少享受到这一惠民政策，住房救助的力度不够

客观地说，我国目前“以自筹为主”的农村危房改造资金筹集办法提高了农户参与农村危房改造的准入门槛，使得相对困难的农户最终成为农村困难家庭危房改造政策的最大得益者和主要得益者。[①] 对于个别特别困难的农户来说，由于缺乏自筹资金的能力，当前农村危房改造的补助标准尚无法帮助其完成危旧房的改造，因此实际上他们根本就享受不到这项惠农政策。

作为特殊类型的住房保障，住房救助专门针对城乡特殊困难群体。根据2014年国务院颁布实施的《社会救助暂行办法》，居住在农村的最低生活保障家庭和分散供养的特困人员是农村住房救助的

① 章卫良：《从“经济刺激”到“社会救助”——关于农村危房改造政策的分析与建议》，载《中共浙江省委党校学报》，2012（3），125页。

对象，农村住房救助主要是通过危房改造的方式来加以实施。对于农村住房困难的最低生活保障家庭和分散供养的特困人员（主要是指五保户），优先纳入当地的农村危房改造计划予以解决。

（二）个别农户为追求房屋的外观气派，有超标准建房的行为

当前，我国现有的大多数农村住房的建设还远谈不上科学规划、合理设计，为了追求外观气派，却往往忽略房屋本身的功能设计以及节能、保温、隔热等性能。[①] 虽说农村危房改造的目的是为了给住房困难户提供基本的住房保障，但是在罗城县的农村危房改造过程中，同样存在个别农户盲目攀比的不良现象。

（三）危改对象确定工作上管理难度比较大，资格审查难，村级危改对象评议过程不严格

首先，农村危房改造涉及面广，农户信息量大，但目前在整个广西壮族自治区住房与城乡建设管理系统的农村信息管理平台上都只有户主信息栏，没有家庭成员信息栏，因此实际不便于查看是否有农户利用家庭里的不同成员多次申请农村危房改造补助的违规现象。

其次，在村级农村危房改造对象的评议程序中，一些村屯召开的村民小组会议人数不足或不开展民主评议，主观性强，程序过于简单，会议记录不够完善，严重降低了农村危房改造工作的严谨性、全面性，也不符合“公平、公正、公开”的原则；与此同时，个别村干部在上报农村危房改造对象时，存在优亲厚友现象，引发了当地群众的强烈不满，严重影响了社会的和谐稳定。

---

① 童伟：《城市化进程中城乡住房保障服务均等化研究——以北京市为例》，载《中央财经大学学报》，2012（12），11页。

（四）县域经济比较落后，县级配套资金的支付压力过大，导致农村危房改造的供需矛盾十分突出

罗城县是一个典型的国家扶贫开发重点县，2011 年 12 月国务院印发的《中国农村扶贫开发纲要（2011—2020）》划定了 14 个集中连片特困区作为我国扶贫开发的重点攻坚区域，其中就有罗城县所在的滇桂黔石漠化区，罗城县的贫穷落后由此可见一斑。罗城县的第二、三产业很不发达，第一产业所占比例过高，而且大多是传统农业，人均地区生产总值也远远低于全国和广西壮族自治区的平均水平（见表 2）。

表 2　2013 年国民经济主要指标

地区	第一产业所占比例（%）	第二产业所占比例（%）	第三产业所占比例（%）	人均地区生产总值（元）
全国	10.0	43.9	46.1	41528
广西壮族自治区	16.3	47.7	36.0	30588
罗城县	38.5	27.2	34.3	12052

资料来源：全国和广西数据来自政府部门官网、罗城县数据来自课题组的实地调研。

2013 年，罗城县的人均 GDP 只有 12052 元，仅为全国平均水平的 29.02%、广西壮族自治区的 39.40%。因为县域经济的严重欠发达，罗城县的地方财政收入是非常微薄的，而地方财政开支却很大，属于典型的入不敷出。调查统计显示，目前罗城县农村尚未改造的泥砖墙结构房尚有 2.3 万多户，其中很大一部分都是危房。可以说，罗城县对于农村危房改造的现实需求是很大的，按现在每年安排 2000 个左右危房改造指标的进度，全部完成罗城县的农村现有危房的改造大概还需 10 年左右的时间。基于罗城县的经济社会发展水平

和地方财政收支状况，在当地的农村危房改造过程中，罗城县地方财政所承担的县级配套资金的支付压力实在太大，这必然会给农村危房改造进程带来一些负面的影响，加剧当地农村危房改造的供需矛盾。

三、对策建议

对于人口较少民族聚居地区来说，农村危房改造承担着一项重要任务，那就是结合国家当前对于人口较少民族的专项扶持政策，对当地农村的人口较少民族传统民居进行切实的保护，以突出民族特色，保护人口较少民族的传统文化。基于此，建议要按照《广西罗城仫佬族自治县扶持人口较少民族（仫佬族）发展“十二五”专项建设规划》，对罗城县的农村危房改造工作统一规划，实施一定的倾斜政策，尽量保留仫佬族传统民居的民族特色。“十二五”期间，罗城县对 57 个仫佬族聚居村，重点实施了 11 大类 1088 个项目的专项扶持，包含特色村寨、小城镇建设、村庄整治、生态建设、乡镇和农村文化体育设施、农村公路、小型农田水利、农村安全饮水、农村中小学校、生态建设、种养业发展及其他等项目，预计项目总投资 88907.8 万元。其中，特色村寨项目 14 个，主要建设内容为生态示范村建设、仫佬族民居建设保护等，总投资 8300 万元；村庄整治项目 337 个，主要建设内容为巷道硬化、垃圾池、排水沟、文化活动场所建设及屯内绿化等，总投资 19811 万元。罗城县的农村危房改造工作如果能紧密结合当地对仫佬族聚居村寨的专项扶持工作，就可以整合罗城县住房与城乡建设局和民族工作局的资金，全力推进当地的新农村建设，既改造了危房，又整治了村容村貌，还能对村落建设进行整体规划，突出民族特色，可谓是一举多得。

由于罗城县的地方财政收入很少、入不敷出，本着国家对于人口较少民族聚居地区实施专项扶持政策的精神以及社会公平正义的原则，建议减免罗城县的县级农村危房改造配套资金，同时增加中央及省级财政的拨付力度，以确保罗城县农村危房改造工作的顺利推进，让仫佬族群众与我国其他的55个民族一起早日实现全面建成小康社会的战略目标。

（原载于《经济研究导刊》2016年第15期）

人口较少民族聚居地区城乡医疗救助现状调查*

刘苏荣　刘　黎

我国的人口较少民族是指本民族总人口在30万以下的28个少数民族，他们大多聚居在经济社会发展水平比较落后的边疆省份，当地的贫困问题比较突出，教育、医疗卫生和社会保障等基本公共服务的水平也很低下。在当前，疾病已经成为我国城乡居民贫困的主要原因之一，"因病致贫、因贫致病"成为我国反贫困的重要任务和挑战；"看病难、看病贵"的问题成为我国民众反映最为强烈的社会问题，已经上升为影响国家发展和稳定的重大民生问题，这一问题在贫困居民中显得尤为突出和尖锐，因此政府建立完善的医疗救助制度来保障城乡贫困群体的基本健康权和生存权就显得十分有必要。① 我国的人口较少民族大多居住在边疆省份的高山峡谷中，而这些地区是我国经济社会发展水平最落后的地区，其发展面临着诸多困难，首当其冲的就是严重的贫困问题，贫困面广、贫困程度深。因此，人口较少民族聚居地区比我国其他地区更为迫切地需要建立

* 基金项目：2013年度国家社科基金项目"人口较少民族聚居地区城乡一体化社会救助体系建设研究"（项目编号：13XMZ063，项目负责人：刘苏荣）的阶段性成果。

① 林闽钢、刘喜堂主编：《当代中国社会救助制度：完善与创新》，287页，北京，人民出版社，2012。

完善的医疗救助制度来保障当地城乡贫困群体的基本健康权和生存权。

为了解我国人口较少民族聚居地区城乡医疗救助的现状，2013年8月到2014年2月，课题组到2个人口较少民族自治县和1个人口较少民族乡进行了实地调查，即广西壮族自治区的环江毛南族自治县、云南省的贡山独龙族怒族自治县和芒市三台山德昂族乡。

一、人口较少民族聚居地区城乡医疗救助存在的主要问题

通过对2个人口较少民族自治县和1个人口较少民族乡的实地调查，课题组发现这三个人口较少民族聚居地区在城乡医疗救助方面取得了较大的工作成绩，但是也存在着一些不容忽视的现实问题，这些问题在一定程度上影响了当地城乡医疗救助工作的实际效果。

（一）城乡医疗救助基金过分依赖于省级以上财政导致其支付水平受到严重的限制

当前全国各地的城乡医疗救助基金基本上是由中央、省级、地市级和县级财政共同承担，由于人口较少民族聚居地区经济发展水平比较落后、地方财政普遍紧张，所以当地的医疗救助基金主要来源于省级以上财政的支持，而地市级和县级财政经常成为医疗救助资金的财政保障体系中的薄弱环节，课题组在贡山县和环江县的调查结果就很好地验证了这一点（见表1）。

表1 人口较少民族聚居地区医疗救助基金收入来源明细表（单位：万元）

时间	所在地	类别	上年度基金结转	中央财政	省级财政	地市级财政	基金总收入
2012年度	贡山县	城市	117.82	27	0	0	144.82
		农村	465.70	170	10	2	547.70
	环江县	城市	76.00	0	86	0	162.00
		农村	444.56	0	449	0	893.56
2013年1—5月	贡山县	城市	21.72	42	0	0	63.72
		农村	90.65	200	0	0	290.65
2013年1—10月	环江县	城市	125.94	0	24	0	149.94
		农村	414.36	0	289	0	703.36

资料来源：本表所列数据均是课题组实地调研获得的。

贡山县每年的医疗救助基金收入主要来自于中央财政，省级财政和地市级财政只有很少量的支持，而且仅限于农村医疗救助；环江县每年的医疗救助基金收入全部来自于省级财政，中央财政和地市级财政没有提供资金上的支持。客观地说，地市级财政和县级财政的缺位严重制约了人口较少民族聚居地区城乡医疗救助的支付水平，从而迫使一些地方政府人为压低封顶线和救助标准，降低了医疗救助的实际受益率。

（二）城乡医疗救助基金结余过多

拮据的财政状况决定了人口较少民族聚居地区的民政部门在医疗救助基金的使用上持非常小心谨慎的态度，贡山县和环江县每年的医疗救助基金都有很大的结余就很真实地反映了这种现状（见表2）。

表 2　人口较少民族聚居地区医疗救助基金使用情况调查表（单位：万元）

时间	所在地	类别	基金收入	基金支出	基金结余
2012年度	贡山县	城市	144.82	123.10	21.72
		农村	547.70	457.05	90.65
	环江县	城市	162.00	36.06	125.94
		农村	893.56	479.20	414.36
2013年1—5月	贡山县	城市	63.72	5.29	58.43
		农村	290.65	37.97	252.68
2013年1—10月	环江县	城市	149.94	35.80	114.14
		农村	703.36	280.57	422.79

资料来源：本表所列数据均是课题组实地调研获得的。

每年医疗救助基金的大量结余是人口较少民族聚居地区的民政部门在财政压力之下的一种本能反应，因为在财政支持力度很有限的前提下，民政部门必须确保收支的平衡，但是这样做的结果是大大降低了医疗救助基金的使用效率，让医疗救助政策的实际作用大打折扣。

（三）人口较少民族聚居地区医疗卫生专业技术人员整体水平比较低并严重影响了医疗救助的实际效果

一个地方的医疗卫生专业技术人员整体水平的高低直接决定着当地医疗卫生服务水平，而高职称、高学历人员的比例是衡量一个地方的医疗卫生专业技术人员整体水平的一个非常关键的指标。课题组在环江县和贡山县调查时发现，人口较少民族聚居地区存在高职称、高学历的医疗卫生专业技术人员严重匮乏的现象，而在农村这种现象就更为严重了，因为当地仅有的为数不多的高职称、高学历的医疗卫生专业技术人员基本集中在县城医院里，而在乡镇、村级卫生室工作的医疗卫生专业技术人员大多是初级职称及以下、中专学历及以下人员，导致当地尤其是农村的医疗卫生服务水平非常之低。

截至2013年10月，环江县共有医疗卫生专业技术人员669人，其中高级职称9人，中级职称239人，初级职称以下421人，高级职称人员仅占卫生技术人员总数的1.35%，而初级职称及以下人员就占了卫生技术人员总数的62.93%。截至2013年6月，贡山县共有医疗卫生专业技术人员149人，其中高级职称18人，中级职称22人，初级职称及以下109人，高级职称人员仅占卫生技术人员总数的12.08%，而初级职称及以下人员居然占了卫生技术人员总数的73.15%。

考虑到人口较少民族聚居地区基本上地处偏远，交通不便，而且绝大多数享受医疗救助的人口较少民族困难群众居住在农村，因此他们到外地住院治病的经济成本太高，加上本地的医疗救助政策鼓励就近住院看病，所以当地享受医疗救助的人口较少民族困难群众到外地住院治疗的现象比较少。基于此，医疗卫生专业技术人员整体水平的低下必将严重影响到实际的治疗效果，最终很可能会导致这样的结果：本来医疗救助金就不多，但是花了这笔钱却未必能对患者的顺利康复带来多大的帮助。

（四）人口较少民族家庭对医疗救助政策的知晓率低

课题组就医疗救助的问题对8个人口较少民族聚居村委会进行了随机的入户调查，调查对象既有低保户，也有非低保户。在环江县调查了2个毛南族聚居村委会，在贡山县调查了2个独龙族聚居村委会和2个怒族聚居村委会，在芒市调查了2个德昂族聚居村委会，入户调查的家庭均为人口较少民族家庭，调查的主要内容之一就是其家庭成员是否享受过医疗救助或者听说过医疗救助，也就是其对医疗救助的知晓率（见表3）。

表 3　人口较少民族家庭医疗救助知晓率调查表

所在地	民族	村委会	调查户数（户）	医疗救助知晓率（%）
环江县下南乡	毛南族	中南	20	60.0
		堂八	20	55.0
贡山县独龙江乡	独龙族	孔当	10	60.0
		献九当	10	60.0
贡山县丙中洛乡	怒族	丙中洛	10	80.0
		甲生	10	80.0
芒市三台山乡	德昂族	出冬瓜	12	91.7
		勐丹	10	90.0

资料来源：本表所有数据均是课题组实地调研获得的。

从随机入户调查的结果来看，对医疗救助的知晓率最高的是芒市三台山乡的出冬瓜村委会，知晓率最低的是环江县下南乡的堂八村委会。在 8 个村委会中，有 4 个村委会的人口较少民族家庭对医疗救助的知晓率在 60% 以下，虽说课题组的随机入户调查带有一定的偶然因素在里面，但这个调查结果仍然让人深感忧虑，如此低的知晓率意味着：在现实生活中，有相当一部分本应该享受到医疗救助的人口较少民族群众因为不知道这项制度的存在，而白白错过了获得医疗救助的机会。

二、完善人口较少民族聚居地区城乡医疗救助体系的基本策略

（一）加大地市级财政和县级财政对人口较少民族聚居地区医疗救助的支持力度

如前所述，过分依赖于中央和省级财政，而地市级和县级财政

缺位的现状严重制约了人口较少民族聚居地区城乡医疗救助的支付水平，从而难以有效地缓解人口较少民族群众的“看病贵”问题。基于此，课题组建议加大地市级财政和县级财政对城乡医疗救助的支持力度。

课题组这次调查的3个人口较少民族聚居地区所在的地市，即广西的河池市、云南的怒江傈僳族自治州和德宏傣族景颇族自治州均属广西壮族自治区和云南省经济最落后的地市之一，地方财政收入非常少。2012年，贡山县的地方财政收入是全云南省最少的，环江县的地方财政收入在广西壮族自治区也是排在非常靠后的位置。但是，医疗救助毕竟是维护人们健康权和基本生存权的一种社会救助手段，因此即便地方财政很困难，地市级财政和县级财政在支持人口较少民族聚居地区的医疗救助这个问题上也责无旁贷，应该大力给予资金方面的支持，而不是处于缺位的状态。

（二）在人口较少民族聚居地区建设城乡一体化的医疗救助体系

我国绝大多数人口较少民族聚居地区的共同特点是地处偏远、地广人稀、经济落后以及农民收入水平极其低下，因此当地的群众在患病尤其是患重大疾病的时候，治病所带来的经济压力是其整个家庭所难以承受的。但是，课题对芒市三台山德昂族乡农村医疗救助的个案调查的结果却让人难以乐观，很明显，当前人口较少民族聚居地区的医疗救助尤其是农村医疗救助被维持在一个较低的标准之上。特别值得注意的是，课题组的调查结果还显示人口较少民族聚居地区医疗救助标准的城乡差距是比较大的。

当前我国城镇居民基本医疗保险的实际报销比例是高于新型农村合作医疗保险的，所以农民的个人自付部分占医疗费用的比例就已经高于城镇居民了。但是，目前人口较少民族聚居地区的城市医疗救助的救助标准又明显高于农村医疗救助，加上我国人口较少民族聚居地区的城乡居民收入的差距本身就比其他地区要大得多，因此当前人口较少民族聚居地区医疗救助标准的城乡差距过大的这种现状违背了社会公平正义的原则。基于此，必须大力提高人口较少民族聚居地区的医疗救助尤其是农村医疗救助的救助标准，具体来说，就是要抬高封顶线和提高医疗救助金占个人自付医药费的比例，逐步缩小城乡差距，在当地建设城乡一体化的医疗救助体系。

（三）增加对人口较少民族聚居地区医疗卫生事业的专项扶持资金

自2006年我国开始实施扶持人口较少民族政策以来，中央和地方政府对人口较少民族聚居地区的交通、农田水利、通信等方面的基础设施投入了大量的专项扶持资金，也取得了较好的效果，人口较少民族群众的生产生活条件得到了显著的改善。但是，当前我国扶持人口较少民族专项项目的建设对“物”的方面比较重视，但对于“人”的方面相对重视得不够。① 导致项目资金过于偏重基础设施建设，而对于医疗卫生、教育等基本公共服务的投入相对不足，这种状况必须得到切实的改变。

我国扶持人口较少民族的政策是以专项建设项目的形式来贯彻实施的，课题组通过这次调查发现，投入在医疗卫生事业方面的专项建设项目的资金明显偏少。2006—2010年，中央和地方政府共投入了64993.98万元对环江县的72个毛南族聚居村委会进行专项扶持，但是投入在医疗卫生事业方面的专项建设项目的资金仅有558万元，还不到资金总量的1%，投入明显不足。自2010年云南省启动贡山县独龙江乡整乡推进独龙族整族帮扶工作以来，截至2013年6月，独龙江帮扶“六大工程”总计到位资金89355.73万元，其中

① 潘红祥：《统筹发展：扶持人口较少民族工作的核心理念》，载《中南民族大学学报》（人文社会科学版），2010（4），145页。

包括教育、医疗卫生、社会保障等内容的社会事业发展工程到位的项目资金仅有2229万元，只占资金总量的不到3%，显然这个比例也同样太低了。

扶持人口较少民族专项建设项目在医疗卫生事业方面的投入明显偏少，必然导致人口较少民族聚居地区的医疗卫生系统不能很好地满足当地群众防病治病的需求，医疗救助的作用自然也就打了折扣。因此，课题组建议，今后要增加对人口较少民族聚居地区的医疗卫生事业的专项扶持资金，重点投入在当地医疗卫生专业技术人员队伍的建设上，尤其是要加强乡镇卫生院、村级卫生室工作人员队伍的建设，提高农村医疗卫生服务的水平，做到对重大疾病早发现、早治疗，这样才能充分发挥医疗救助的作用，最大限度地降低患者的治病成本，切实解决当地人口较少民族群众“看病贵”“因病致贫”的问题。

（四）加大人口较少民族聚居地区尤其是农村对医疗救助政策的宣传力度

医疗救助作为一项重要的与老百姓日常生活息息相关的社会保障手段，其知晓率应该是100%，但是课题组就医疗救助的问题对8个人口较少民族聚居村委会进行随机入户调查的结果却让人很不乐观。调查结果显示：知道医疗救助政策的大多是一些低保户，因为每年县（市）民政局都会帮他们代缴新型农村合作医疗的保险金（此笔费用是从每年的农村医疗救助基金里面支出），而不知道医疗救助政策的大多是一些非低保户。

由于整体的经济社会发展水平的落后，在人口较少民族聚居地区尤其是农村，存在着大量的低保边缘户，也就是通常所说的低收入家庭。一旦低保边缘户的成员患病尤其是患有重大疾病的时候，其所在家庭与低保户家庭一样要承受巨大的经济压力，存在因病致贫的风险。基于此，今后必须加大人口较少民族聚居地区尤其是农村对医疗救助政策的宣传力度，切实解决大量城乡低保边缘户的医疗救助问题，不让其被排除在医疗救助的大门之外。

（原载于《红河学院学报》2016 年第 4 期）

人口较少民族聚居地区县域经济的困境及对策

——基于对环江、罗城、兰坪、贡山民族自治县的调查

县域经济是指以县级行政区划为地理空间，以县城为中心、乡镇为纽带、农村为腹地，具有地域特色和功能完备的区域经济。[①] 人口较少民族是指本民族总人口在30万以下的少数民族，他们居住的地方人口密度低，交通不便，教育与文化设施落后，经济发展基础十分薄弱。当地的农牧业靠天吃饭，没有什么科技含量，农田水利设施落后，抗击自然灾害的能力极弱，当地的土特产由于没有科技带动和加工技术，没有形成生产规模，当地的旅游业也缺乏开发，没有形成经济效益。[②]

我国目前共有16个人口较少民族自治县，其县域经济是“促进人口较少民族聚居地区经济社会的跨越式发展和长治久安”这一国家战略目标能否实现的关键所在。基于此，课题组到我国4个人口较少民族自治县进行了调研，它们分别是广西壮族自治区的环江毛南族自治县和罗城仫佬族自治县，云南省的兰坪白族普米族自治县和贡山独龙族怒族自治县，共涉及毛南族、仫佬族、普米族、独龙

---

① 吴殿廷、杨欢、郭来喜等：《县域经济的转型与跨越发展》，2页，福州，东南大学出版社，2013。

② 中国人口较少民族发展研究丛书编委会：《中国人口较少民族经济和社会发展调查报告》，11页，北京，民族出版社，2007。

族和怒族 5 个人口较少民族。

一、人口较少民族自治县的县域经济所面临的困境

（一）产业结构不合理且第二、三产业的发展严重滞后

课题组所调查的这 4 个人口较少民族自治县均为国家扶贫开发重点县，其县域经济的总体发展水平是相当低的。2013 年，环江县人均地区生产总值 1.3 万元，仅为全国平均水平的 31.34%、广西全区平均水平的 42.55%；罗城县人均地区生产总值 1.21 万元，仅为全国平均水平的 29.02%、广西全区平均水平的 39.40%；贡山县人均地区生产总值 1.63 万元，仅为全国平均水平的 39.19%、云南省平均水平的 64.88%；兰坪县人均地区生产总值 1.61 万元，仅为全国平均水平的 38.78%、云南省平均水平的 64.20%。

2013 年，4 个人口较少民族自治县的第一产业所占比例均明显高于全国平均水平，其中环江县和罗城县的第一产业所占比例是全国平均水平的 4 倍左右；除了兰坪县以外，其余 3 个县的第二产业所占比例均明显低于全国和其所在省份的平均水平；4 个县的第三产业所占比例均明显低于全国平均水平，也低于其所在省份的平均水平。需要指出的是，兰坪县的第二产业所占比例高于全国平均水平并不意味着其工业真的很发达，实际情况是：兰坪县蕴藏着丰富的有色金属矿产资源特别是铅锌矿资源，但是也导致了当地的经济产业结构单一，县域经济过于依赖粗放型的采矿业。

以贡山县为例，2013 年该县完成工业总产值 1.66 亿元，其中发电行业和采矿业的产值达 1.62 亿元，占全县工业总产值的 97.3%。也就是说，贡山县几乎没有什么像样的工业，规模以上工业企业仅有 2 家，其中有 1 家还处于亏损状态。当前，贡山县没有纺织、造纸、制糖、玻璃制造、木材加工、化工、钢铁冶炼和水泥等类工业

企业，当地群众的日常生产生活物资基本上是从外地运进来的，导致当地的物价相对比较高。旅游业占了贡山县第三产业产值的很大一部分，但是在旅游业方面，截至2013年年底，贡山县还没有一家本地的旅行社，也没有一家三星级以上的酒店，仅有两家二星级酒店，也没有专门的旅游购物店，其旅游接待能力比较差。

（二）农业生产方式落后且农民收入严重偏低

当前，4个人口较少民族自治县的农业生产方式还比较落后，传统农业占了很大的比例。传统农业是指始于石器时代末期和铁器时代初期的一种农业生产经营模式，主要具有以下特征：技术停滞；粗放式耕种与劳动密集型精耕细作相结合；属于封闭、自我循环发展、自给自足的自然经济。①

以兰坪县为例，当地的农业具有三个特点。第一，农业现代化的程度很低。广大农村仍然处于自给自足的传统自然经济状态，“大灾大减产，小灾小减产，风调雨顺增点产”的靠天吃饭现象仍然很突出，农业龙头企业向贫困地区辐射的力度很有限，并且缺乏信息和技术支撑，对贫困户的带动能力比较弱。第二，农业生产的基础条件比较差。兰坪县境内到处是高山河谷，沟壑纵横，自然条件恶劣，农田水利抵御自然灾害的能力弱，全县耕地95%以上为25度以上的坡地，土地瘠薄，加上农民无力加大对土地的投入，人多地少的矛盾很突出，农业机械使用程度很低。第三，农村劳动力的科学文化素质偏低。农村劳动力中，人均受教育年限低，科学文化素质不高，大多数人仅仅掌握较为简单的传统农业耕作技术，商品意识十分淡薄。

正是因为农业生产的相对落后，4个人口较少民族自治县的农民

---

① 李崇科：《云南边境少数民族地区县域经济科学发展研究》，94页，昆明，云南大学出版社，2014。

人均纯收入均严重偏低，导致当地广大农村普遍存在贫困面广、贫困程度深和脱贫难度大的现象，严重制约了当地农民的消费能力，这对于当地县域经济的发展非常不利。

2013年，环江县农民人均纯收入为5665元，在4个人口较少民族自治县中是最高的，但也仅为全国平均水平的63.68%、广西全区平均水平的83.42%；贡山县农民人均纯收入为2635元，是4个人口较少民族自治县中最低的，仅为全国平均水平的29.62%、云南省平均水平的42.91%，而且长期以来贡山县一直都是云南省农民人均纯收入最低的县。

（三）城镇化水平很低

当前，人口较少民族聚居地区县域经济的发展面临着城镇化水平很低、城乡二元结构突出的严峻形势。人口较少民族聚居地区的城镇基础设施建设普遍比较落后，为群众提供公共服务的能力比较弱，缺乏聚集产业和人口的吸引力和凝聚力，这一现状严重影响到了当地的城镇化水平。根据2013年的统计数据，4个人口较少民族自治县的城镇化率均远远低于全国平均水平，除了环江县以外，其他3个县的城镇化率均不到20%，而全国的城镇化率已经达到了53.73%，广西壮族自治区和云南省的城镇化率也已经达到了40%以上，我国人口较少民族聚居地区的城镇化水平之低由此可见一斑。

城镇化水平过低，导致我国人口较少民族聚居地区城乡居民收入差距较大，因此占人口绝大多数的农民并没有从当地县域经济的发展中得到多少实惠，也不能从消费这个层面对县域经济的发展起到多大的拉动作用。2013年，全国的城乡居民收入的对比是3.03∶1（城镇在前，农村在后），环江县是3.09∶1，罗城县是3.45∶1，兰坪县是4.74∶1，贡山县是5.83∶1，4个人口较少民族自治县的城乡收入差距均大于全国平均水平，特别是贡山县，其城乡居民收入的差距几乎达到全国平均水平的2倍。

（四）地方财政非常薄弱导致县域经济的发展缺乏应有的资金支持

调查发现，4 个人口较少民族自治县的地方财政非常薄弱，均处于严重的入不敷出状态，其人均公共财政预算收入只相当于所在省份平均水平的 20.30% ~50.60%。与此相对应的是，4 个人口较少民族自治县的公共财政预算总支出却高得离谱，地方公共财政预算总收入与总支出的比例均明显高于其所在省份的平均水平。

鉴于举步维艰的县级财政收支状况，人口较少民族聚居地区的县域经济从当地县级财政获得的资金支持实际上是非常有限的，而来自银行贷款和外商投资的支持就更加微不足道了。作为县域经济微观主体的中小企业，由于抵押担保物的不足和内部管理的不规范等原因，基本上失去了现代金融服务体系的支持。①

课题组调查发现，2013 年兰坪县和贡山县的社会固定资产投资来自国家预算内资金（包括财政拨款与财政贷款两部分）的有 7.94 亿元和 3.32 亿元，来自银行贷款的仅有 8667 万元和 5500 万元，而所利用的来自国外和我国港澳台地区的投资则均为零。实际上，当前人口较少民族聚居地区县域经济的发展基本上就是依靠当地行政色彩极为浓厚的财政拨款与财政贷款，而富有商业色彩的银行贷款和外商投资所提供的资金很有限，因此当地县域经济所能得到的资金支持力度相当之小，严重制约了其发展的空间。

（五）当地教育事业难以为县域经济的发展提供充足的人力资本

当前，我国人口较少民族聚居地区县域经济的发展很缺乏物质

---

① 吴殿廷、杨欢、郭来喜等：《县域经济的转型与跨越发展》，32 页，福州，东南大学出版社，2013。

资本的支持，但更为缺乏的却是人力资本的支持，而其根源在于当地教育事业的极端落后。总的来看，人口较少民族聚居地区城乡群众的受教育年限短，从业人员整体的科学文化素质还比较低，人力资本比较薄弱，这就使得当地县域经济的发展缺乏强劲的动力。

以贡山县为例，截至2014年年底，全县共有各类在校学生5113人，其中幼儿园259人、小学2999人、初中1555人、高中300人，全县仅有1所高中和1所幼儿园。很明显，学前教育和高中教育已经成为贡山县教育事业的最大短板。贡山县每年毕业的初中生只有大概三分之一的人能进入高中阶段继续学习，大多数学生在完成九年义务教育后便回家务农，或者外出打工。贡山县历年高考的本科（包括三本在内）上线率一直在低水平徘徊，近五年的本科上线率从来都没有超过25%。对于教育事业来说，教师是最为宝贵的资源，但是长期以来，贡山县教师外流现象非常严重，每年都有大量经验成熟的教师想尽一切办法外调出去，贡山县在一定意义上成了外地学校的教师培训基地。截至2014年年底，贡山县拥有高级职称的教师只有27人，仅占专任教师总数的6.37%；而初级职称及以下的教师有215人，占了专任教师总数的50.71%。以贡山县教育事业发展的现状，它不可能为当地县域经济的发展提供强有力的人力资本方面的支持。

二、对策建议

（一）利用扶持人口较少民族政策发展地方特色农业，以实现当地传统农业向现代农业转型

农业是城市与农村之间建立联系的最前线，因此农业的发展必须作为县域产业发展的根本来抓。只有农业得到很好的发展，才能

顺利解决“三农”问题，为县域第二、第三产业的发展提供动力。①《扶持人口较少民族发展规划（2011—2015年）》明确提出：要促进和优化人口较少民族聚居地区优势农产品区域化布局和专业化生产，形成一批区域布局合理的优质特色农产品产业基地。从本质上来说，特色农业属于将区域内独特的农业资源开发区域内特有的名优产品转化为特色商品的现代农业。对于人口较少民族聚居地区来说，因为当地大多数的贫困人口都集中在农村，所以发展特色农业的任务就显得尤为迫切。

例如，环江香猪是广西优良的地方猪品种，原产于环江县东北部的明伦镇、东兴镇、龙岩乡和驯乐乡四个乡镇，是在特定的自然地理、气候、环境条件，独特的水土和民族风情，粗放型的饲养管理等因素的综合作用下形成的优良猪品种。环江香猪历史悠久，清朝时期就已有人把小香猪作为珍贵礼品，馈赠达官贵人。环江香猪具有“一小、二纯、三香、四净”的优良特点，其个体小巧玲珑，皮毛全黑油亮，身躯矮小，四肢短，胸围与体长几乎相等，俗称“冬瓜猪”或“黑珍珠”。基于此，环江县需要借助国家对于人口较少民族聚居地区的专项扶持政策，加大对香猪产业的扶持力度，扩大香猪产业的规模，打造品牌优势，提升龙头企业竞争能力，形成种、养、加工相结合，生产、加工、营销一体化的产业体系，实现香猪产业向初、深加工型的转变，以促进当地人口较少民族群众的增收脱贫。

（二）通过大力推进新型城镇化建设来壮大县域经济

我国大多数的县（市、区）都把第二产业的某几个行业作为县域经济发展的主导产业和支柱产业，这在经济社会发展水平落后的

① 吴殿廷、杨欢、郭来喜等：《县域经济的转型与跨越发展》，187页，福州，东南大学出版社，2013。

人口较少民族聚居地区表现得尤为明显。县域工业主要以中小企业为主，而且往往表现为矿产资源依赖、粗放经营、技术落后、高能耗和污染严重等特点，这在课题组所调查的4个人口较少民族自治县均表现得尤其明显，这与当前我国政府所倡导的“低碳生活、绿色产业、循环经济”无疑是背道而驰的。与此同时，人口较少民族聚居地区县域经济中的第三产业往往都不太发达，这是因为县域的辐射范围有限，对外界的吸引力较小，因而第三产业在县域没有充分发展的空间。基于此，需要通过大力推进国家所倡导的新型城镇化来推动县域第二、三产业的发展，以逐步缩小城乡差距。

我国人口较少民族聚居地区的城镇基础设施建设普遍比较落后，为群众提供公共服务的能力比较弱，缺乏聚集产业和人口的吸引力和凝聚力，这一现状严重影响了当地的城镇化水平。需要明确的是，发达地区城镇化的高标准并不适合人口较少民族聚居地区，人口较少民族聚居地区县域的城镇化进程在大多数情况下应该是属于小城镇建设。《扶持人口较少民族发展规划（2011—2015年）》就明确提出：要以人口较少民族的民族乡、自治县、自治州为重点，积极稳妥推进小城镇建设，促进城乡良性互动和协调发展。

小城镇脱胎于农村和农业，但与大中城市相比又存在显著的产业发展差距。首先，小城镇的形成并没有完全脱离农村和农业，只是为农业的发展提供了更广阔的空间、更便捷的平台，对于改造传统农业，促进农业的产业化、信息化和现代化非常有利。其次，随着小城镇的形成，第二、三产业的实力将会不断壮大，并将成为小城镇的主导产业或支柱产业。[①] 我国人口较少民族聚居地区县域经济发展水平较低，人口分布也较为分散，因此在城镇化进程中，把重点放在小城镇建设方面无疑是比较现实的选择。比如贡山县的独龙

---

① 罗淳、武友德：《小城镇大作为——西南边疆民族地区小城镇建设研究》，23页，北京，光明日报出版社，2009。

江乡和丙中洛镇，兰坪县的河西乡，环江县的下南乡，罗城县的四把镇，他们分别是独龙族、怒族、普米族、毛南族和仫佬族人口高度集中的乡镇，特别是独龙江乡和下南乡，人口较少民族人口占了当地总人口的95%以上，在这些地方搞好小城镇建设，对于当地县域经济的发展无疑具有重大的现实意义。

（三）充分利用当地丰富的少数民族文化资源大力发展旅游产业

我国人口较少民族聚居地区具有丰富而稀缺的少数民族文化资源，加上当地一些奇特而美丽的自然景观，是非常适合发展旅游产业的。旅游产业几乎涉及第三产业中所有的行业，主要包括交通运输、通信、餐饮、住宿、金融保险、文化体育和商业等领域，游客大量进入人口较少民族聚居地区，对于当地第三产业的带动是至关重要的，而且发展旅游业也非常符合当前我国政府所倡导的“低碳生活、绿色产业、循环经济”。基于此，在人口较少民族聚居地区发展旅游业是大有可为的，它必将成为当地县域经济的一个重要增长点。

例如，贡山县位于高黎贡山国家级自然保护区的核心区域，是连接第三亚欧大陆桥、中国香格里拉生态旅游区、滇西北旅游黄金线的重要节点和云南滇西城市群的重要组成部分，也是滇西北“进藏入缅”的重要节点和对外开放的重要门户，境内拥有世界级的旅游和民族文化资源。在由第一财经广播联合中央人民广播电台等各大媒体共同举办的“发现2013中国最美村镇”评选活动中，丙中洛镇的秋那桶村在300家候选村镇中脱颖而出，跻身60个“中国最美村镇”之列。因此，贡山县要加快旅游小集镇建设步伐，重点打造好独龙江和丙中洛旅游小集镇建设，完善旅游配套设施，积极开发特色旅游商品，提升旅游综合服务能力。

（四）加大中央和省级财政对县级财政的支持力度并大力发展针对中小企业的小额信贷

鉴于4个人口较少民族自治县地方财政的严重入不敷出状态，加大中央和省级财政对当地县级财政的支持力度是非常有必要的，否则的话，人口较少民族聚居地区的县级财政就只能勉强维持当地行政事业单位的正常运转，而没有多少资金用来增加对当地县域经济发展的财政投入。加大中央和省级财政的支持力度，需要重点解决人口较少民族聚居地区的基础设施建设问题，诸如交通、通信、农田水利、学校和医疗卫生机构等，以切实改善当地的生产生活基础条件，提升城乡基本公共服务的水平，为县域经济的发展奠定坚实的基础。

人口较少民族聚居地区县域经济的发展在很大程度上要依赖于当地的中小企业，但中小企业由于自身资产规模较小、信贷资质较低，难以从商业银行贷款融资，因此经常出现资金短缺的情况。《扶持人口较少民族发展规划（2011—2015年）》明确提出：要推进农村金融产品和服务方式创新，大力发展适合人口较少民族聚居区人群需求特点的小额信贷业务。中小企业通过小额信贷的方式能够募集到创业、升级乃至转型所需要的资金，因此在人口较少民族聚居地区要大力推行针对当地中小企业的具有一定地域特色的小额信贷，适当放宽一些相关的融资贷款条件，以解决当地县域经济发展所面临的最为紧迫的“输血”问题。

（五）充分利用当地丰富的少数民族文化资源加强招商引资工作

在当前情况下，包括少数民族节日在内的民族传统文化逐渐成为一种可供开发和利用的经济资源，对民族地区县域经济的发展起到了积极的作用。少数民族节庆活动的开展，使本民族的内聚力得到了加强，民族精神得到了振奋，而更为重要的是使他民族、外地的人也能融入该民族的文化中来，不仅认识了这些民族的文化，而且还认识了这些民族潜藏着巨大的经济资源，为现实的及可能的经济资本的投入带来了机遇。[①] 鉴于人口较少民族在人口数量上的稀少性，其民族文化资源就更加显得弥足珍贵，因此利用民族文化资源招商引资无疑是人口较少民族聚居地区在发展县域经济过程中的一种重要手段。

例如，罗城县的“依饭节”是当地仫佬族人民庆贺丰收祈求来年风调雨顺、五谷丰登、六畜兴旺、人丁安康的重要节日，也是最具仫佬族特色的节日。每年冬至过后，仫佬族群众都会择一吉日，欢度这个传统节日。在此节日中，仫佬族群众跳起师公舞（木面舞）和竹梆舞，还有抢粽粑、仫佬竹球、山歌对唱、斗鸡比赛等活动。节时三天三夜，节日期间凡九村十八寨的仫佬族群众都会自动聚集在一起，共同庆贺，场面热闹非凡。[②] 如果以“依饭节”为媒介广泛开展各种经济贸易活动，搭建一个消费和贸易的平台，就能使各个投资主体增加相应的资金投入，很好地解决罗城县的县域经济发展中的资金投入不足问题。

（六）加大对人口较少民族聚居地区教育扶持的力度，为县域经济的发展提供人力资本方面的保障

导致我国人口较少民族聚居地区县域经济落后的原因有很多，但最根本的原因在于当地教育事业的极端落后所导致的人力资本的严重匮乏，因此《扶持人口较少民族发展规划（2011—2015 年）》

---

① 陈庆德等：《发展人类学引论》，192～193 页，昆明，云南大学出版社，2001。

② 《罗城仫佬族自治县概况》编写组：《罗城仫佬族自治县概况》，142 页，北京，民族出版社，2009。

提出要对人口较少民族聚居地区实施专项的教育扶持政策，要优先发展当地的教育事业。

基于此，除了实施当前我国所有民族地区都能享受到的教学基础设施建设、少数民族学生考试加分和双语教学等方面的教育扶持政策之外，建议还要给予人口较少民族聚居地区一些特殊的教育扶持政策，以切实提升当地的教育水平，为县域经济的发展提供人力资本方面的保障。这些特殊政策主要涉及以下三个方面。第一，对人口较少民族聚居地区的教师在工资待遇、住房福利、家属安置、职称评定和在职培训等方面实行特殊的倾斜政策，以最大限度地吸引和留住优秀教师，从而大幅提升当地的教学水平。第二，实行人口较少民族聚居地区高中阶段免除学杂费政策，切实减轻当地高中学生的家庭经济负担，改变大量人口较少民族学生读完初中就走入社会的局面，突破当地在高中阶段的办学“瓶颈”，提升人口较少民族的整体文化素质。第三，在人口较少民族贫困生资助方面给予特殊的政策照顾，加大专项财政支持的力度，增加贫困生的资助指标和资助金额，取消对人口较少民族聚居地区的大学生生源地信用助学贷款的名额指标限制，不让一个人口较少民族学生因为家庭贫困而失学。

（原载于《改革与战略》2016 年第 3 期）

论人口较少民族聚居地区新型城镇化的基本策略

——以云南省贡山县为例*

《国家新型城镇化规划（2014—2020年）》提出要走以人为本、四化（城镇化、工业化、信息化和农业现代化）同步的中国特色新型城镇化道路。新型城镇化并不是单纯地解决城镇问题，而是要解决整个社会的结构问题，即城镇和乡村在产业、人口、社会等方面的结构和布局问题，其中的核心问题就是调整城乡之间的关系，促成农业和农村人口向城镇和工商业人口的转移，完成由传统农村为主体的社会向现代城镇为主体和主导的社会的转变，以达到城乡共同繁荣，共同进步。① 人口较少民族是指我国总人口在30万以下的28个少数民族，他们所聚居的地方大多是偏远山区，当地的人口密度很低，交通不便，经济社会的发展很落后，城乡差距很大，城镇化的水平很低。为了研究人口较少民族聚居地区的新型城镇化策略，课题组到我国16个人口较少民族自治县之一的云南省贡山县进行了调研。

---

* 基金项目：2013年度国家社科基金项目“人口较少民族聚居地区城乡一体化社会救助体系建设研究”（项目编号：13XMZ063，项目负责人：刘苏荣）的阶段性成果。

① 厉以宁、艾丰、石军：《中国新型城镇化概论》，67页，北京，中国工人出版社，2014。

一、贡山县新型城镇化所面临的困难

贡山县是我国独龙族的唯一聚居地和怒族的主要聚居地之一，其全称是贡山独龙族怒族自治县，地处云南省西北部，共有15个少数民族，截至2013年年底，少数民族人口占全县总人口的96.33%，其中独龙族5822人、怒族7076人、傈僳族18677人、藏族1678人，独龙族和怒族属于人口较少民族，分别占贡山县总人口的16.26%和19.76%。课题组调查发现，贡山县的新型城镇化主要面临着以下几个方面的困难。

（一）产业结构不合理，第二、三产业的发展水平很低，新型城镇化缺乏必要的产业支撑

贡山县是国家扶贫开发重点县，其经济总体发展水平是相当之低的。2013年，贡山县人均地区生产总值是16275元，仅为全国平均水平的39.19%，云南省平均水平的64.88%，而且其产业结构也很不合理，第一产业所占比例过高（见表1）。2013年，全县共完成工业总产值1.66亿元，其中发电行业和采矿业的产值达1.62亿元，占了工业总产值的97.59%。贡山县几乎没有什么像样的工业，规模以上工业企业仅有两家，没有纺织、造纸、制糖、玻璃制造、木材加工、化工、钢铁冶炼、水泥等工业类企业，当地群众的生产生活物资基本是从外地运进来，导致当地的物价相对比较高。旅游业占了贡山县第三产业产值的很大一部分，但是在旅游业方面，截至2013年年底，贡山县还没有一家本地的旅行社，也没有一家三星级以上的酒店，仅有两家二星级酒店，也没有专门的旅游购物店，旅游接待能力非常差。

表1　2013年国民经济主要指标比较表

地区	第一产业所占比例（%）	第二产业所占比例（%）	第三产业所占比例（%）	人均地区生产总值（元）
全国	10.0	43.9	46.1	41528
云南省	16.2	42.0	41.8	25083
贡山县	24.5	37.0	38.5	16275

资料来源：全国和省级数据来自政府部门官网、贡山县数据来自贡山县统计局。

很显然，以贡山县第二、三产业的发展现状，将难以为当地的新型城镇化提供强有力的支撑。城镇化的基础在于产业，没有产业支撑的城镇化是难以想象的。缺乏产业支撑的“单一政府推动型”的城镇化，即“圈地造城、拆院盖楼、驱民进城、赶农上楼”的城镇化不可能实现真正的城镇化，只可能造就一个个“死城”“空城”。而大量农村人口进入城镇，使其失去具有重要社会保障功能的土地，进城后就业无着，缺乏稳定的货币收入渠道，就会造成更大的社会不稳定。①

（二）农村剩余劳动力众多，但其对于国家城镇化政策的知晓率比较低，态度也不积极

贡山县境内高山河谷沟壑纵横，自然条件恶劣，农田水利抵御自然灾害能力弱，全县境内98%以上的国土面积为山区，80%以上的耕地坡度在25度以上，土地瘠薄，人多地少的矛盾很突出。正是因为农业发展的极端落后，贡山县的农民人均纯收入严重偏低，长期在云南省的129个县（区、市）中排名垫底，贫困面广、贫困程

① 张丽君：《中国民族地区新型城镇化机制与路径研究》，208页，北京，中国经济出版社，2015。

度深、脱贫难度大成为贡山县农村的一大特色，而土地资源的严重不足导致当地农村存在大量的富余劳动力。课题组在贡山县独龙江乡的孔当村委会和献九当村委会调查了20户独龙族家庭，在丙中洛镇的丙中洛村委会和甲生村委会调查了20户怒族家庭（见表2）。

表2　城镇化认知度和意愿度调查表（单位：户）

民族	村委会	被调查户数	知道国家城镇化政策的户数	愿意移居到城镇生活的户数
独龙族	孔当村	10	4	1
	献九当村	10	6	1
怒族	丙中洛村	10	9	3
	甲生村	10	5	2

资料来源：相关数据来自于课题组的入户调查。

调查结果显示，贡山县的人口较少民族群众对于国家的城镇化政策知之甚少，态度也不积极。在被调查的40户人口较少民族家庭中，只有24户对于当前我国现行的城镇化政策有所了解，仅为被调查总户数的60.0%，而愿意移居到城镇里生活的家庭一共只有7户，仅为被调查总户数的17.5%。不愿意移居到城镇生活的主要原因有两个，即“不习惯城里人的生活”和“离开土地后，没有了收入来源”。

（三）城镇化水平非常低，城乡居民收入的差距很大

人口较少民族聚居地区的城镇基础设施建设普遍比较落后，为群众提供公共服务的能力比较弱，加上缺乏聚集产业和人口的吸引力、凝聚力，这一现状严重影响到了当地的城镇化水平。由于地理、交通等方面的原因，贡山县是当前我国最贫困的县之一，全县238个村民小组分散在怒江、独龙江两岸的小台地、斜坡地和半山腰，

村民居住非常分散。截至2013年年底，贡山县共有5个乡镇，即便是在县城所在地的茨开镇，其城镇人口也是相当少的，还不足5000人，人口城镇化率不到40%，至于贡山县其余的4个乡镇，其人口城镇化率都在11%以下，处于一个非常低的水平（见表3），贡山县的城镇化水平之低由此可见一斑。

表3　2013年贡山县各个乡镇的人口统计表

乡镇	总人口（人）	城镇人口（人）	农村人口（人）	城镇化率（%）
茨开镇	12408	4950	7458	39.89
丙中洛镇	6444	435	6009	6.75
捧当乡	6039	384	5655	6.36
普拉底乡	6604	745	5859	11.28
独龙江乡	4314	182	4132	4.22

资料来源：相关数据由贡山县统计局提供。

与云南省和全国的平均城镇化率相比的话，贡山县的城镇化率更是远远落后（见表4）。正是因为城镇化水平过低，导致了贡山县城乡居民收入的较大差距，2013年贡山县城乡居民收入的差距几乎是全国平均水平的两倍，这显然与《国家新型城镇化规划（2014—2020年）》的指导思想是很不相符的。

表4　2013年城镇化率和城乡居民收入情况比较表

地区	城镇化率（%）	城镇居民人均可支配收入（元）	农民人均纯收入（元）
全国	53.73	26955	8896
云南省	40.48	23236	6141

续表

地区	城镇化率（%）	城镇居民人均可支配收入（元）	农民人均纯收入（元）
贡山县	18.70	15359	2635

资料来源：全国和云南省数据来自政府部门官网、贡山县数据来自贡山县统计局。

（四）地方财政非常薄弱，导致城镇基础设施建设严重滞后

调查发现，贡山县的地方财政非常薄弱，处于严重的入不敷出状态，不仅人均公共财政预算收入明显低于云南省的平均水平，而且其地方公共财政预算总收入与总支出的比例也远远高于云南省的平均水平（见表5）。

表5　2013年地方财政收入与支出情况表

地区	地方人均公共财政预算收入（元）	地方公共财政预算总收入与总支出的比例
云南省	3437	1∶2.54
贡山县	1343	1∶17.49

资料来源：云南省数据来自政府部门官网、贡山县数据来自贡山县统计局。

正是由于地方财政的严重入不敷出，导致贡山县的城镇基础设施建设长期滞后，为群众提供公共服务的能力比较弱，严重影响到了当地的城镇化水平，而最显著的例子就是：在2014年之前，贡山县城一直都没有标准化的污水处理厂和垃圾处理厂。贡山县城污水处理厂2013年年底才开工建设，设计规模为近期处理污水0.3万立方米/天，远期处理污水0.6万立方米/天，工程概算总投资2997.75万

元。县城生活垃圾处理厂2014年上半年才开工建设，项目规模为日处理生活垃圾20吨，工程概算总投资2243.39万元。县城“两污”项目开展可行性研究、环评编制及评审、土地预审、初步设计、招投标、征地等相关前期工作经费共计需要1089万元（其中污水处理厂551万元、垃圾处理厂538万元），但截至2014年年底，“两污”项目前期工作经费仅到位了615.59万元，工作经费缺口达473.41万元。县城污水处理厂建设资金目前还缺口606.75万元，垃圾处理厂建设资金目前还尚有缺口资金2018.39万元。因为县城“两污”项目的前期经费和建设资金的严重不足，导致项目建设的推进速度非常缓慢。

二、贡山县新型城镇化的基本策略

（一）利用扶持人口较少民族专项政策加强当地的小城镇建设，并加强对国家新型城镇化政策的宣传

鉴于我国人口较少民族聚居地区山多地少、地广人稀、居住分散、交通不便和经济落后的现实，客观上制约了当地城镇规模的扩展，因此东部经济发达地区新型城镇化的高标准显然并不适合人口较少民族聚居地区。《扶持人口较少民族发展规划（2011—2015年）》就明确提出：要以人口较少民族聚居的71个民族乡、16个自治县、2个自治州为重点，积极稳妥推进小城镇建设。小城镇并没有完全脱离农村和农业，只是为农业的发展提供了更为广阔的空间、更便捷的平台，对于改造传统农业，促进农业的产业化、信息化和现代化非常有利。随着小城镇的发展，第二、三产业的实力将会不断壮大，并将成为小城镇的主导产业或支柱产业。[①] 很明显，对于人

---

① 罗淳、武友德：《小城镇大作为——西南边疆民族地区小城镇建设研究》，23页，北京，光明日报出版社，2009。

口较少民族聚居地区来说，发展小城镇投入少、见效快，有利于就地消化农村富余劳动力和加快人口的城镇化进程，因而是当地实施新型城镇化建设比较现实的途径。

比如贡山县的独龙江乡，独龙族人口占到了当地总人口的98%，是我国独龙族唯一的聚居地。根据2013年年底的统计数据，独龙江乡现有人口4314人，辖区面积1997平方公里，人口密度仅为2.16人/平方公里，农民人均占有耕地仅为0.61亩，乡政府的所在地——孔当村委会有人口1120人。自2010年以来，独龙江乡政府所在地的小城镇建设已经取得了较大的成果：五项城镇基础设施建设项目包括公厕、供水设施、集镇道路、污水处理厂和垃圾处理厂，项目概算总投资为3800万元，目前公厕（2座）、自来水厂（规模为1000立方米/吨）、集镇道路（全长833.17米）已建设完成，现已投入使用，污水处理厂（规模为800立方米/吨）和垃圾处理厂（日处理量4吨）在2014年年底也已经顺利完工。

与此同时，鉴于贡山县的人口较少民族群众对于新型城镇化建设的态度并不积极，因此加强当地对国家新型城镇化政策的宣传是很有必要的，应该通过多种手段合理引导广大人口较少民族群众深刻地认识到：新型城镇化就是要把农村发展放在与城镇发展同样的高度，让城乡居民共享城镇化发展成果，让农民不但进得来城镇，而且留得住，和城镇居民一样工作和生活。唯有如此，才能让贡山县的人口较少民族群众打消顾虑，积极参与到当地的新型城镇化建设中来。

（二）大力发展旅游业，以推动当地的新型城镇化进程

少数民族地区在中国的经济格局中处于第三梯队，工业化与城镇化的水平严重偏低，农业机械化水平与科技化程度也偏低，因此，走传统的工业城镇化道路是不合理的，走新型工业化道路的外部条

件也不够成熟。① 鉴于我国人口较少民族聚居地区有着丰富而稀缺的少数民族文化资源，加上当地一些奇特而美丽的自然景观，因此在人口较少民族聚居地区发展旅游业是大有可为的，而且它也很符合当前我国政府所倡导的“低碳生活、绿色产业、循环经济”。旅游业几乎涉及第三产业中所有的行业，包括交通、通信、餐饮、住宿、金融、文化和商业等，游客大量进入人口较少民族聚居地区，对于第三产业的带动是至关重要的，能为当地的新型城镇化提供重要的产业支撑。

贡山县辖区面积的70%属于“三江并流”世界自然遗产核心区，同时又具有独特的多元民族文化，是滇西北旅游环线和香格里拉旅游片区极具旅游开发潜力的重要景区。由于地处中缅、滇藏接合部，使贡山县成为多民族文化与东、西方宗教文化交汇的地方。贡山县境内有着灿烂的多元民族文化，不仅有独龙族神秘的文面文化和剽牛祭天的习俗，也有怒族美丽的仙女传说和吓啦文化，更有傈僳族的起奔和藏族的弦子。因此，贡山县要立足当地特有的区位、自然和人文资源优势，深入挖掘当地的旅游资源，着力打造以“人神共居的和谐家园——丙中洛”和“中国西南最后的秘境——独龙江”为主的生态旅游品牌，努力把旅游业培育成为贡山县新型城镇化的动力产业。

（三）加大中央和省级财政的支持力度和招商引资的力度，解决当地新型城镇化建设最为紧迫的资金投入问题

客观地说，资金投入严重不足是制约我国人口较少民族聚居地区新型城镇化建设的最大“瓶颈”。鉴于人口较少民族聚居地区地方财政的严重入不敷出状态，在新型城镇化建设方面，加大中央和省

---

① 李柏文：《以旅游为产业动力的少数民族地区特色城镇化道路研究》，74页，北京，中国社会科学出版社，2014。

级财政对当地财政的支持力度是非常有必要的，因为人口较少民族聚居地区的地方财政往往只能勉强维持当地行政事业单位的正常运转，属于典型的“吃饭财政”，根本不可能有多余的资金用来对当地的新型城镇化建设进行相应的资金投入。

此外，加大招商引资的力度对于人口较少民族聚居地区的新型城镇化建设无疑也同样具有重大的现实意义。就贡山县来说，要加大招商引资力度的话，可以从三个方面入手：第一，进一步优化投资环境。要不断创新招商方式，简化审批手续，进一步拓宽引资领域。要加快贡山县丹珠通道、马库通道建设项目前期工作，使之建设成为云南省进入缅甸和印度的最前沿、最便捷的通道之一，促进边境贸易健康有序地发展。第二，实现从粗放型招商向系统效益型招商的转变。要实现从过去的以资源出让招商加上政策优惠招商的简单粗放型招商，到以优势资源开发招商、特色产业项目招商和融资主体招商的系统效益型招商的转变。第三，实现从无序型招商向规范型招商的转变。就是要实现从过去的各自为政、各行其是的无序型招商引资，到业主考查制、项目评估制和科学决策制的规范型招商引资的重大转变。

（原载于《贵州民族研究》2016 年第 8 期）

扶持人口较少民族专项项目评析

——基于对云南省兰坪县的调查*

我国的人口较少民族是指人口总数在30万以下的28个少数民族，这些民族大多居住在边远地区，由于自然、历史等方面的原因，人口较少民族在经济社会发展、教育卫生事业、基础设施建设等方面处在相对落后的地位，就群体而言，这是属于全国人口中最贫困的一部分，也是最需要政府扶持帮助的一部分。① 国务院先后发布了《扶持人口较少民族发展规划（2006—2010年）》和《扶持人口较少民族发展规划（2011—2015年）》，提出要深入贯彻落实科学发展观，坚持各民族共同团结奋斗、共同繁荣发展的主题，以转变发展方式、增强自我发展能力为主线，促进人口较少民族聚居地区经济社会的跨越式发展和长治久安。根据《扶持人口较少民族发展规划（2011—2015年）》，我国的人口较少民族聚居地区实际上包括2119个行政村、71个民族乡、16个人口较少民族自治县和2个人口较少民族自治州，涉及28个人口较少民族。我国扶持人口较少民族的政策是以专项扶持项目的形式来具体贯彻落实的，这些项目主要以人

---

* 基金项目：2013年度国家社科基金项目“人口较少民族聚居地区城乡一体化社会救助体系建设研究”（项目编号：13XMZ063，项目负责人：刘苏荣）的阶段性成果。

① 中国人口较少民族发展研究丛书编委会：《中国人口较少民族经济和社会发展调查报告》，14页，北京，民族出版社，2007。

口较少民族聚居地区的交通、通信、农田水利等基础设施建设为主，项目实施的好坏直接关系到国家扶持人口较少民族政策的效果。

2013 年 8 月，2013 年度国家社科基金项目“人口较少民族聚居地区城乡一体化社会救助体系建设研究”课题组到我国 16 个人口较少民族自治县之一的云南省兰坪白族普米族自治县进行了调研，以了解我国扶持人口较少民族政策在当地的贯彻落实情况及其效果。

一、兰坪县扶持人口较少民族专项项目的实施情况及效果

云南省兰坪县地处“三江并流”世界自然遗产核心区，被誉为“三江之门”，是全国唯一以普米族命名的自治县。根据 2010 年的人口普查数据，兰坪县总人口为 21 万余人，少数民族人口占总人口的 93.5%，境内主要居住着 14 个少数民族，其中人口较少民族有普米族和少量的怒族。兰坪县的普米族主要聚居在通甸镇的德胜、河边、龙潭、弩弓、东明、箐头、水俸 7 个村委会；河西乡的箐花、大羊、三界、联合 4 个村委会；石登乡的庄河、回龙、大竹箐、仁甸河 4 个村委会；金顶镇的高坪、干竹河 2 个村委会；啦井镇的挂登、桃树、长涧 3 个村委会，共计 20 个村委会，共有人口 21397 人，约占全县总人口的 10%。

兰坪县的人口较少民族聚居地区大多分布在海拔 2000 米以上高寒山区和偏僻落后的澜沧江河谷地带，当地的经济建设和社会发展都明显滞后于兰坪县的其他地区。

（一）兰坪县 2005—2009 年度扶持人口较少民族专项项目的实施情况及效果

兰坪县在“十一五”期间共有 20 个普米族聚居村委会被列入《云南省扶持人口较少民族发展规划（2006—2010 年）》当中给予重

点扶持。为做好扶持人口较少民族的工作，2006—2010年间兰坪县先后争取到民族专项资金4212万元对20个人口较少民族聚居村委会进行了整村推进的建设，其中：2005年度投资220万元，2006年度投资787万元，2007年度投资885万元，2008年度投资1120万元，2009年度投资1200万元。专项项目的实施使人口较少民族聚居村委会的贫困落后面貌得到了极大的改善，主要体现在以下四个方面：

第一，当地群众的经济收入明显增加。2009年，怒族农民人均纯收入为1261.3元，人均占有粮食665公斤，比2002年分别增加了698元和335公斤；普米族农民人均纯收入为1328元，人均占有粮食385.5公斤，比2002年分别增加了761元和65.5公斤。

第二，村容村貌发生了历史性的变化。一是建成了整洁的村间道路，消除了村间雨天泥坑、猪屎马粪到处有的现象；二是新建了畜厩，改变了人畜混居的局面；三是消除了板板房和茅草房，80%的农户建起了土木结构房；四是受扶持的村委会都建起了公共厕所，在很大程度上改变了“脏、乱、差”的局面。

第三，当地群众的生产生活条件得到明显改善。一是修通了山区、半山区人口较少民族聚居村委会之间的公路，改变了山区、半山区群众交通运输靠马驮的状况；二是家家有了安全饮用水；三是通电率达到了91%；四是95%的村委会拥有了卫生室。

第四，当地群众的文化生活得到了极大的丰富。每个村委会都拥有了文化活动室和篮球场，每逢节日和农闲时节，村民们都会聚集在文化活动室娱乐或举办篮球友谊赛等活动。

（二）兰坪县2010年度扶持人口较少民族专项项目的实施情况及效果

在2010年度，兰坪县争取到1009万元专项资金对全县5个乡（镇）、20个人口较少民族聚居村委会进行了重点扶持，实施了58

个建设子项目，共分为基础设施建设、产业发展建设、社会公共事业建设、农村能源建设等几大类。

1. 基础设施建设情况

共建设子项目37个，包括村道建设、安居房建设、人畜饮水工程建设、农田水利建设、村级卫生厕所建设等方面，其中：村道建设项目20个，共建成村级道路22.5千米；人畜饮水工程建设项目5个，共建成人畜饮水管线33.5千米；安居房建设项目7个，共建成安居房241户；农田水利建设项目3个；村级卫生厕所建设项目2个。

2. 产业发展建设情况

共建设子项目9个，分为种植业和养殖业建设，其中：种植业项目1个，完成标准油茶种植面积200亩；养殖业项目8个，完成黑山羊投放211只，良种鸡投放1200只。

3. 社会公共事业建设情况

共建设子项目8个，分为社会事业建设和公共设施建设，其中：社会事业建设项目2个，完成2块水泥篮球场建设800平方米；公共设施建设项目6个，完成村委会卫生室建设100平方米，村委会文化活动室建设1110平方米，民间文化传承保护展室建设100平方米。

4. 农村能源建设情况

共建设子项目4个，向4个自然村投放了240台节能灶。2010年度项目受益群众近2万人，基本实现了“依托项目促发展、实施项目固基础、优化产业保增收”的预定工作目标。20个人口较少民族聚居村委会的基础设施状况得到了明显的改善，各项产业得到了快速发展，当地群众的生产、生活水平有了明显的提高。

（三）“十二五”期间兰坪县扶持人口较少民族专项项目规划情况

根据《云南省人口较少民族扶持项目十二五规划（2011—2015年）》的要求，兰坪县“十二五”期间共规划扶持人口较少民族专项项目326个，总计投资50823万元，其投资力度明显要大于“十一五”期间，涉及农村经济发展、农村能源建设、农村社会公益事业建设、农村安居房建设、农村种植养殖业及其加工业发展、第二三产业发展、农村科技推广及培训、农村交通建设8大类。河西乡的玉狮、石登乡的仁甸河、啦井镇的长涧和桃树4个村委会被新列入云南省“十二五”扶持人口较少民族规划的范围，这将使4个村委会的近6000名群众从中受益。

二、存在的主要问题

在实施扶持人口较少民族专项项目的过程中，兰坪县的县、乡两级政府都对其给予了高度的重视，加上广大工作人员的努力，取得了丰硕的成果。但是，通过这次对兰坪县的个案调查，我们也发现了当前我国扶持人口较少民族专项项目存在的一些问题。

（一）专项项目在具体的管理与实施过程中存在一些不够规范的地方

首先，扶持人口较少民族专项项目存在多头管理的现象。《扶持人口较少民族发展规划（2011—2015年）》提出了“国家扶持，省负总责，地县落实，整村推进”的工作方针，实际上扶持人口较少民族专项项目的具体落实工作基本上是由人口较少民族聚居区所在的县级政府的相关部门来做的，在兰坪县，县发改委、县民族宗教局、县扶贫办等均是专项项目的直接管理部门，多头管理导致的后果是部门之间的协调性较差，从而削弱了对专项项目的监管力度，最终影响到项目的惠民效果。

其次，在扶持人口较少民族专项项目的建设过程中存在一些不科学的地方。课题组在兰坪县调查时发现，许多专项项目的建设资金都是当地乡（镇）政府在具体管理和使用，施工队则是由县里派出，并自带施工设备和材料，而村委会只是负责协调和项目工程的验收工作，但是村委会干部毕竟不是专业技术人员，他们对项目的施工质量难以准确评估，从而影响到了项目的实际效果。比如课题组在大羊村委会调查时，就有村民认为与其对村子里原有的土路进行水泥硬化，不如铺成石板路更为实用；还有部分村民反映村里自来水管铺设线路的设计也存在一些不够科学的地方，导致其实用性受到一定程度的影响。

最后，项目建设资金的下拨存在一定的滞后性。人口较少民族聚居区的乡（镇）政府负责组织扶持人口较少民族专项项目的具体实施，但是某一年度的扶持人口较少民族专项项目的建设资金往往要到第二年才能下拨到乡（镇）政府，等项目真正开工的时候，时间已经到了第二年的下半年，比如2010年度的专项项目，其开工的时间是在2011年的下半年，等到项目实施完成时，时间可能已经到了2012年。建设资金下拨的滞后性必然会影响到扶持人口较少民族专项项目的时效性，因此这种现状必须得到改变。

（二）专项项目对教育和医疗卫生事业不够重视

首先，当前人口较少民族聚居地区的教育水平明显偏低。根据2012年12月的统计数据，兰坪县共计有各级各类学校156所，其中教师进修学校1所，职业中学1所，完全中学1所，普通高中2所（民办1所），初级中学8所，小学133所（完小44所、教学点89个），幼儿园10所（民办1所）。在入学率方面，全县有4～6周岁幼儿7531人，在园幼儿生2712人，入园率为36.01%；适龄儿童

16577 人，已入学 16462 人，入学率为 99.31%；适龄少年 7642 人，初中阶段在校生 7292 人，入学率为 95.42%；适龄青年 9008 人，高中阶段在校生 5507 人，入学率为 61.13%。在办学条件方面，全县校舍建筑总面积 340772 平方米，但属于不安全校舍的面积就有 147710 平方米，占了三分之一还多。从兰坪县教育系统的基本情况来看，我国的人口较少民族聚居地区存在学前阶段和高中阶段入学率低、校舍合格率低等突出问题，这显然不利于延长人口较少民族群众的受教育年限和提高其文化水平，也与《扶持人口较少民族发展规划（2011—2015 年）》所提出的“积极发展学前教育，加快义务教育学校标准化建设，加快普及高中教育阶段教育”这一奋斗目标相差甚远。

其次，当前人口较少民族聚居地区医护人员的专业技术水平偏低。根据 2012 年 12 月的统计数据，兰坪县医疗卫生系统共有人员编制数 701 人，实有人数 650 人，其中专业技术人员 583 人（县级 324 人、乡镇 259 人）。在学历结构方面，本科学历 57 人，占 8.77%；专科学历 43 人，占 6.62%；中专以下学历 550 人，占 84.61%。在专业技术人员的职称结构方面，副高以上职称 52 人，占 8.92%；中级职称 149 人，占 25.56%，初级职称 382 人，占 65.52%。全县共有乡村医生 240 人，其中大专学历 8 人，中专学历 160 人，高中学历 12 人，初中学历 55 人，小学学历 5 人。从这些数据来看，我国人口较少民族聚居地区存在医护人员尤其是乡村医生学历明显偏低、拥有高级职称的人员太少等问题，这严重制约了当地尤其是农村医疗卫生服务水平的提升，考虑到我国大多数人口较少民族群众都居住在农村的这一现状，这个问题就显得尤为严峻了。

（三）人口较少民族群众的增收问题还在亟待解决

当前，我国很多地方政府在实施扶持人口较少民族专项项目时大多关注的是如何改善人口较少民族群众的生产、生活环境，大力发展的多是些交通、电力、通信和农田水利等基础设施建设项目，但是能直接促进当地群众增收的特色产业项目则相对较少。课题组在兰坪县河西乡大羊、箐花两个普米族聚居村委会调查时发现，普米族群众对于当地生产、生活环境的改善比较满意，但是也认为当务之急是帮助他们实现增收，因为唯有增收才能真正使他们彻底摆脱贫困，提高生活水平。因为贫困，大羊、箐花两个村委会的姑娘们很多都不愿意留在当地，纷纷嫁到县城里乃至外地，导致村里“光棍”扎堆，影响到了当地普米族人口的自然增长。对于人口较少民族来说，本民族人口的自然增长如果受到抑制的话，其后果会比非人口较少民族要严重得多。

三、对策建议

针对扶持人口较少民族专项项目目前存在的一系列问题，我们提出以下几个方面的政策建议。

（一）对扶持人口较少民族专项项目实施更为规范和科学的管理

首先，鉴于多头管理的现状，建议在人口较少民族聚居地区所在的县（区、市）政府成立专门的扶持人口较少民族专项项目领导小组和办公室，同时要赋予办公室较大的权力，让它能充分协调各相关部门的工作，整合人力、物力和财力资源，以提高管理工作的效率。

其次，建议由县（区、市）政府派出一些专业技术人员常驻乡（镇）政府或村委会，全程参与扶持人口较少民族专项项目的施工过程，协助村委会干部进行项目建设的监督、协调与验收，并积极组织村民参与项目施工过程中的日常管理，强化对项目的民主管理和监督，随时听取民意，确保施工质量，而在此过程中还要大力发挥当地大学生村官的积极作用。

最后，要尽量缩短扶持人口较少民族专项项目的建设资金在中间环节的滞留时间，提高资金的使用效率，此外还要加强资金监管的力度，严格做到专款专用。

（二）加大对人口较少民族聚居地区教育和医疗卫生事业的投入

当前，我国扶持人口较少民族专项项目的建设对“物”的方面比较重视，但对于“人”的方面相对重视得不够。其实，人力资本的投资才是帮助人口较少民族群众增强自我发展能力，最终彻底摆脱贫困、提高生活水平的关键所在。因此在扶持人口较少民族的工作思路中，应彻底改变资本存量增加优于人力资源存量增加的观念，始终把提高人口素质作为加快人口较少民族聚居地区经济社会发展的战略对策。① 基于目前我国的国情，增强人力资本、提高人口素质的关键在于大力发展教育和医疗卫生事业。

教育是增强个人自我发展能力的最重要途径之一，通过教育的方式进行人力资本投资，可以提高人口素质，进而增加社会成员的经济收入。发展经济学的研究成果已经告诉我们：贫困的根源在于当事人缺乏必要的知识、技能以及缺乏获取知识、技能的有效途径。由于历史的原因，我国少数民族地区自古以来长期处于主流文化和经济的边缘地位，导致少数民族地区无法获得充分的受教育机会，地区经济社会结构的变迁不可避免地遭遇人力资本和物质资本缺乏的双重限制。② 显然，教育水平低、人口素质低是制约人口较少民族

---

① 潘红祥：《统筹发展：扶持人口较少民族工作的核心理念》，载《中南民族大学学报》（人文社会科学版），2010，（4），145 页。

② 刘寒雁：《少数民族地区人力资本研究》，55 ~ 56 页，昆明，云南大学出版社，2007。

自身发展的重要因素。因此，在建设全面小康社会的关键时期，加快人口较少民族教育事业的发展就显得更为急迫和紧要。[①] 与其他人口相对较多的少数民族相比，我国人口较少民族的受教育时间短、文化水平低的状况表现得尤其突出，因此大力发展人口较少民族聚居地区的教育事业是增强人口较少民族的自我发展能力的关键所在。

身体健康是确保某个社会群体的人力资本水平的重要前提条件，因此当地的医疗卫生服务水平对于提升我国人口较少民族群众的自我发展能力来说，同样也是至关重要的。《扶持人口较少民族发展规划（2011—2015年）》提出：要加强医疗卫生机构基础设施建设，加快农村牧区三级卫生服务网络建设，推进人口较少民族的自治县县级医院、民族乡卫生院、聚居村卫生室建设。医疗设施对于三级卫生服务网络的建设很重要，但提高医疗卫生服务水平的关键在于医护人员整体素质的提升。因此，当前的关键在于如何培养出一大批高水平的医护人员，改善医护人员的职称、学历结构，提升他们的整体素质，从而为人口较少民族聚居地区群众提供更好、更全面的医疗卫生服务，确保他们身体的健康。

（三）大力发展特色产业，帮助人口较少民族聚居地区群众增收

发展特色产业是增强我国人口较少民族聚居地区发展动力、增加群众收入的重要途径，所以要加快推进当地的农业产业化进程，大力推广先进适用技术，帮助当地群众增收。毋庸讳言，我国当前对于人口较少民族聚居地区经济社会发展的扶持力度不可谓不大，但是在扶持发展地方特色产业方面做得还不够深入、细致，不同村委会所扶持的特色产业往往存在同质化的现象，没有充分体现各个

① 朱玉福、周成平：《人口较少民族教育事业发展研究》，载《民族教育研究》，2010，(4)，110页。

地方的不同情况。

基于此，建议在实施整村推进的过程中，要针对各个人口较少民族聚居村委会的实际情况来扶持发展不同的特色产业。比如，课题组这次调查的大羊村委会盛行种植红蔓菁，它是一种很有普米族特色的块根农作物，在兰坪县乃至云南省都拥有很高的知名度，有着广阔的市场发展前景。大羊村委会高海拔、高森林覆盖率的特点使得当地很适合种植桔梗、木香等中药材；而邻近的箐花村委会则拥有广阔的天然草场，特别适合发展畜牧业。

（原载于《贵州民族研究》2014 年第 2 期）

人口较少民族聚居地区农村社会救助现状分析

——以云南省贡山县为例*

我国的人口较少民族是指人口总数在30万以下的28个少数民族，这些民族大多居住在边远地区，就群体而言，这是属于全国人口中最贫困的一部分。[①] 我国的人口较少民族大多居住在边疆省份的高山峡谷中，由于自然、历史等方面的原因，人口较少民族聚居地区的发展面临着诸多的困难，首当其冲的就是贫困问题，另外还存在社会保障覆盖面窄、保障水平低等问题，在农村这些问题尤其突出。社会救助的主要目的是解决贫困人口的基本生活、医疗、教育等问题，我国人口较少民族的贫困人口大多数居住在农村，但目前人口较少民族聚居地区农村社会救助的发展水平明显落后于城市，这种状况违背了十八大报告所倡导的社会公平正义的原则，也不符合各民族平等和共同发展的民族政策。

基于此，课题组到我国16个人口较少民族自治县之一的云南省贡山县进行了实地调研，通过了解当地的农村社会救助现状，来获得对当前我国人口较少民族聚居地区农村所面临的贫困问题和民生

---

* 基金项目：2013年度国家社科基金项目“人口较少民族聚居地区城乡一体化社会救助体系建设研究”（项目编号：13XMZ063，项目负责人：刘苏荣）的阶段性成果。

① 中国人口较少民族发展研究丛书编委会：《中国人口较少民族经济和社会发展调查报告》，14页，北京，民族出版社，2007。

问题的深入认识。

一、贡山县农村社会救助存在的主要问题

贡山县的全称是贡山独龙族怒族自治县，是我国唯一的独龙族自治县和怒族自治县，它地处云南省的西北部，北连西藏自治区察隅县，西与缅甸毗邻，是“进藏入缅”的重要通道，同时也是一个集边疆、民族、贫困、宗教、高山峡谷为一体的国家扶贫开发重点县。由于地理、交通等方面的原因，贡山县是当前我国最贫困的县之一。客观地说，作为一个地处边境线上的人口较少民族自治县，贡山县在财力极其薄弱的情况下，其农村社会救助工作的成效是值得肯定的。但是，作为一个人口规模非常小的边境县，贡山县目前的农村社会救助尚存在一些不容忽视的问题，这些问题较为真实地反映了当前我国人口较少民族聚居地区农村社会救助工作所面临的一些特殊困难，它们主要表现在以下四个方面。

（一）农村低保人口比例太高

截至2012年年底，贡山县总人口为35910人，其中农业人口29212人，占总人口的81.35%，农业人口中低保人口达18118人，占农业人口的62.02%，这个比例远远高于全国和云南省的平均数，而在独龙族的聚居地独龙江乡，这一比例就更高了，达到了令人惊讶的92.04%（见表1）。如此高的农村低保人口比例，当地农村的贫困状况由此可见一斑，而对于贡山县政府来说，其财政压力之大是可想而知的。

表1　2012年农村低保人口比较表

地区	农村低保对象占农村人口的比例（%）
全国	8.32
云南省	15.48
贡山县	62.02
贡山县独龙江乡	92.04

资料来源：全国和云南省数据是根据民政部和云南省民政厅网站公布的相关数据整理而得来的，贡山县数据是课题组到贡山县实地调研而获得的。

（二）地方政府对农村社会救助工作的财政支持受到严重制约

贡山县地处偏远，自然条件极其恶劣，比如，由于高黎贡山在冬春季节大雪封山，独龙江乡在一年内有7个月是与外界处于隔绝状态的。与此同时，贡山县境内还严重缺乏规模化经营的地方产业，因此税收来源很少，导致其地方财政收入非常之低，长期在云南省的129个县（区、市）中垫底。以贡山县现有的财政收入水平，地方政府对农村救助工作的资金支持必然会受到严重的制约。

（三）农村低保的救助标准过低

根据2012年年底的统计数据，全国农村低保平均救助标准是城镇低保平均救助标准的52.21%，云南省的这一数字是49.47%，而贡山县的这一数字是40.96%。全国农村低保平均补助水平是城市低保平均补助水平的43.51%，云南省的这一数字是44.98%；而贡山县的这一数字是31.86%。很明显，在贡山县，无论是低保救助标准还是补助水平，城乡差距都明显偏大，远远大于云南省和全国的平均水平（详见表2）。

表 2　2012 年全国、云南省、贡山县城乡低保标准、补助水平比较表

地区	城市低保平均救助标准	城市低保平均补助水平	农村低保平均救助标准	农村低保平均补助水平
全国	3961 元/人/年	239 元/人/月	2068 元/人/年	104 元/人/月
云南省	3384 元/人/年	209 元/人/月	1674 元/人/年	94 元/人/月
贡山县	3540 元/人/年	295 元/人/月	1450 元/人/年	94 元/人/月

资料来源：全国和云南省数据是根据民政部和云南省民政厅网站公布的相关数据整理而得来的，贡山县数据是课题组到贡山县实地调研而获得的。

贡山县农村低保救助标准之所以如此之低，根本原因就是贡山县农民年人均纯收入远远低于云南省和全国的平均水平（见表 3）。农民人均年纯收入如此之低，自然就大大拉低了贡山县农村低保的救助标准。

表 3　2012 年农村人口和收入比较表

地区	农村人口比例（%）	农民人均纯收入（元）
全国	47.4	7917
云南省	60.7	5417
贡山县	81.3	2209

资料来源：全国和云南数据是根据国家和云南省统计局公布的数据而得来的，贡山县数据是课题组到贡山县实地调研而获得的。

（四）城乡医疗资源比较匮乏并严重影响了农村医疗救助的效果

贡山县乃至整个怒江州都地处偏远，交通很不便利。从贡山县城到邻近的福贡县城有 3 个多小时的车程，到怒江州府所在地六库有 8 个小时的车程，而且大多数享受医疗救助的人口较少民族困难群众都居住在农村，因此他们到外地住院治病的经济成本很高，加上本地的医疗救助政策鼓励就近住院看病，所以贡山县的大多数农村医疗救助对象在本地医院接受治疗是较为现实的选择。

一个地方的医疗卫生专业技术人员整体水平的高低直接决定着当地医疗卫生服务的水平，而高职称、高学历人员的比例是衡量一个地方的医疗卫生专业技术人员整体水平的一个非常关键的指标。课题组在贡山县调查时发现，当地存在高职称、高学历的医疗卫生专业技术人员严重匮乏的现象，在农村，这种现象更为严重，当地仅有的为数不多的高职称、高学历的医疗卫生专业技术人员基本上集中在县城医院里，而在乡镇、村级卫生室工作的医疗卫生专业技术人员大多是初级职称及以下、中专学历及以下人员，导致当地尤其是农村的医疗卫生服务水平非常低。截至 2013 年 6 月，贡山县共有医疗卫生专业技术人员 149 人，其中高级职称 18 人、中级职称 22 人、初级职称及以下 109 人，高级职称人员仅占卫生技术人员总数的 12.08%，而初级职称及以下人员居然占了卫生技术人员总数的 73.15%。

二、对策建议

（一）在贯彻落实扶持人口较少民族政策时要下大力气发展地方特色产业以减轻农村社会救助的资金压力

我国大多数人口较少民族聚居地区的共同特点是地处偏远、地广人稀、经济落后以及农民收入水平极其低下，这在贡山县表现得尤为明显。发展特色优势产业是增强我国人口较少民族聚居地区经济社会发展动力、增加群众收入的重要途径，所以要加快推进农业产业化进程，大力推广先进适用技术，推进当地第二、三产业的发展，繁荣农村经济，促进农民增收。考虑到人口较少民族聚居地区享受社会救助的农村人口远远多于城镇人口，如果能切实解决好当地农民的增收问题的话，必将有效地减少农村贫困人口，从而大大缓解社会救助工作给当地政府带来的财政压力。

目前，我国对人口较少民族的扶持大多偏重于地方基础设施建设，而对于特色优势产业的投入相对不足。以对独龙族的扶持为例，从2010年到2013年6月，独龙江乡整乡推进独龙族整族帮扶“六大工程”总计到位资金89355.73万元，其中：安居温饱工程15624.13万元，基础设施工程67700万元，产业发展工程2922万元，社会事业发展工程2229万元，素质提高工程443万元，生态环境保护与建设工程437.6万元。从项目资金到位情况来看，基础设施工程所占比重过大，占据了总资金的75.76%，而产业发展工程所占比例明显过低，仅占总资金的3.27%。因此，今后对人口较少民族的扶持应当扭转重基础设施、轻特色产业发展的局面，这样人口较少民族群众的贫困问题才能得到切实有效的解决，当地社会救助工作的资金压力自然就会大大减轻。

（二）加大中央和省级财政对人口较少民族聚居地区农村社会救助工作的财政转移支付力度

人口较少民族聚居地区经济发展水平普遍落后，民营经济很不发达，所以非政府组织支持当地城乡社会救助工作的力度非常小，而地方政府财政收入又极其有限，但面对着的又往往是数量庞大的社会救助群体，贡山县就是一个最典型的例子。在这种情况下，必然需要让中央和省级财政来承担更多的责任。

我国农村社会救助资金的筹集长期采取以地方财政为主、中央财政适当给予专项补贴的方式，而地方财政主要采取的是省、州（市）、县三级财政来分担农村社会救助资金的筹集任务，但是地方财力主要是集中在省、州（市）两级，县级的财力是很有限的。在人口较少民族聚居地区，不仅是县级财政，甚至连州（市）级财政都是非常困难的。鉴于人口较少民族聚居地区是我国经济社会发展最落后的地区之一，建议加大中央和省级财政对当地农村社会救助工作的财政转移支付力度。

（三）加快推进人口较少民族聚居地区的城镇化建设

虽然近年来农村低保在保障标准和补差水平上增速较快，但是城乡低保救助标准的差距仍然很大，这种差距不是来自城乡物价水平的差距、而是来自人为的制度安排。这种差距显示了城乡居民身份的差异，对农村低保对象来说显然有失公平。[①] 除此之外，城市最低生活保障制度在推行过程中，各地政府纷纷制定与低保制度相配套的优惠政策，这些优惠政策大多以低保资格为条件，形成了城市低保制度的“福利叠加”现象；而对于农村低保对象而言，几乎没有其他相配套的叠加福利。[②] 在 2012 年，全国的平均城镇化率为 52.60%，云南省的平均城镇化率为 39.31%，而贡山县的城镇化率仅为 18.70%。可以说，城乡居民身份的差异、城镇化率过低是导致贡山县这样的人口较少民族聚居地区城乡低保救助标准和补助水平的差距过大的重要原因，因此要缩小这一差距，就必须进一步加快推进人口较少民族聚居地区的城镇化建设。

当然，城镇化不仅仅是让农民从农村搬到城镇居住的问题，最重要的它还是一个户籍更改的问题，同时它还必须与地方产业的发展形成良性互动，这正是城镇化的基本要求。另外，在城镇化过程中还要认真解决农民工的市民待遇问题，要防止强征农民土地、以地生财，严重侵犯农民土地和财产权益的事情的发生。

---

① 徐清照：《现阶段我国城乡低保制度衔接问题研究》，载《齐鲁学刊》，2011（4），108 页。

② 王红兵：《我国城乡最低生活保障制度统筹发展研究》，81 页，武汉，华中科技大学博士学位论文，2012。

（四）加大对人口较少民族聚居地区农村医疗卫生事业的投入

当前，在对人口较少民族聚居地区进行专项扶持时，很多地方政府对于当地医疗卫生事业的投入相对不足。以贡山县独龙江乡为例，截至2013年6月，从独龙江乡整乡推进独龙族整族帮扶“六大工程”的项目资金到位情况来看，基础设施工程所占比重过大，占据了总资金的75.76%；包括了教育、医疗卫生、社会保障、文化、村委会建设等在内的社会事业发展工程却只有2229万元，仅占总资金的2.49%，这一比例明显偏低。

因此，今后在贯彻落实国家的扶持人口较少民族政策时，除了继续搞好基础设施建设之外，还应该更加重视当地社会公共事业的发展问题，着力加大对人口较少民族聚居地区医疗卫生事业的投入，只有拥有完备的医疗卫生设施和高素质的医护人员队伍，才能确保人口较少民族聚居地区农村医疗救助的实际效果。

（原载于《曲靖师范学院学报》2016年第1期）

论人口较少民族对农村社会救助的现实需求

——基于对8个人口较少民族245户家庭的入户调查*

我国的人口较少民族是指本民族总人口在30万以下的28个少数民族，他们大多居住在边疆省份的高山峡谷中，就群体而言，他们是属于全国人口中最贫困的一部分。① 在人口较少民族聚居地区的农村，贫困问题显得尤其突出。习近平总书记明确指出：全面建成小康社会，最艰巨最繁重的任务在农村，特别是在贫困地区。② 而早在20世纪80年代末，习近平同志在担任福建省宁德地委书记时就曾经指出：加速发展少数民族地区经济，使他们赶上或接近汉族的发展水平，才能够解除事实上的不平等，使各民族得到共同的繁荣。目前，全国扶贫工作的主战场已开始转移到少数民族地区。③ 因此，切实解决人口较少民族聚居地区的农村贫困问题不仅仅是个经济发展问题，而是个关系到民族平等、团结和共同繁荣，以及边疆社会

---

* 基金项目：2013年度国家社科基金项目“人口较少民族聚居地区城乡一体化社会救助体系建设研究”（项目编号：13XMZ063，项目负责人：刘苏荣）的阶段性成果。

① 中国人口较少民族发展研究丛书编委会：《中国人口较少民族经济和社会发展调查报告》，14页，北京，民族出版社，2007。

② 习近平：《习近平谈治国理政》，189页，北京，外文出版有限责任公司，2014。

③ 习近平：《摆脱贫困》，118页，福州，福建人民出版社，1992。

稳定的重大政治问题，其重要性不言而喻。

社会救助作为一种最基本的社会保障手段，其主要目的就是帮助贫困人口解决基本生活、医疗和教育等问题，是我国诸多农村反贫困策略中一个极其重要的组成部分。我国人口较少民族的贫困人口大多数居住在农村，但当前人口较少民族聚居地区农村社会救助的发展水平是比较落后的，难以有效满足人口较少民族群众的现实需求，而且当地社会救助的城乡差距也明显要大于我国其他地区。这种现状既违背了党的十八大报告所倡导的社会公平正义原则，也不符合由国务院审议通过的《扶持人口较少民族发展规划（2011—2015年)》所提出的“以转变增长方式、增强自我发展能力为主线，促进人口较少民族聚居地区经济社会的跨越式发展和长治久安”的指导思想。我国现有2个人口较少民族自治州和16个人口较少民族自治县，为客观地了解人口较少民族对农村社会救助的现实需求，课题组到其中的1个人口较少民族自治州和4个人口较少民族自治县进行了调研，它们分别是云南省的德宏傣族景颇族自治州（具体是到芒市和陇川县)、贡山县和兰坪县，以及广西壮族自治区的环江县和罗城县进行了调研，涉及独龙族、怒族、景颇族、阿昌族、德昂族、普米族、毛南族和仫佬族共8个人口较少民族。课题组共对16个村委会245户人口较少民族家庭进行了入户调查，为了让调查结果更为客观，每个人口较少民族各调查了2个村委会，平均每个人口较少民族随机调查30户。

一、人口较少民族对农村社会救助的现实需求

（一）人口较少民族的贫困现状

课题组首先对8个人口较少民族的贫困现状进行了调查，其中在贡山县独龙江乡调查了2个独龙族聚居村委会，在贡山县丙中洛

镇调查了2个怒族聚居村委会，在芒市三台山乡调查了2个德昂族聚居村委会，在陇川县勐约乡调查了2个景颇族聚居村委会，在陇川县户撒乡调查了2个阿昌族聚居村委会，在兰坪县河西乡调查了2个普米族聚居村委会，在环江县下南乡调查了2个毛南族聚居村委会，在罗城县四把镇调查了2个仫佬族聚居村委会。课题组共对245户家庭进行了入户调查，所调查的均为人口较少民族家庭。

表1　2013年家庭人均年纯收入情况（单位：户）

民族	村委会	调查户数	1000元以下	1000～1499元	1500～1999元	2000元及以上
独龙族	孔当	10	8	2	0	0
	献九当	10	9	1	0	0
怒族	丙中洛	10	8	1	1	0
	甲生	10	6	1	3	0
景颇族	营盘	13	4	5	3	1
	广瓦	29	13	3	9	4
阿昌族	隆光	24	8	5	8	3
	朗光	15	3	4	6	2
德昂族	出冬瓜	12	1	3	5	3
	勐丹	10	3	3	1	3
普米族	大羊	11	7	2	2	0
	箐花	11	9	2	0	0
毛南族	中南	20	3	5	4	8
	堂八	20	11	6	1	2
仫佬族	棉花	20	14	2	1	3
	集环	20	8	6	4	2

资料来源：本表所有数据均是课题组实地调研获得的。

从表1可以看出，人均年纯收入在1000元以下的人口较少民族家庭有115户，占被调查家庭总数的46.94%；人均年纯收入在1000～1499元的家庭有51户，占20.82%；人均年纯收入在1500～1999元的家庭有48户，占19.59%；人均年纯收入在2000元及以上的家庭有31户，占12.65%。也就是说，有87.35%的人口较少民族家庭的人均年纯收入不足2000元，超过40%的人口较少民族家庭的人均年纯收入不足1000元。仅就这次调查的范围而言，贫困程度最严重的无疑是独龙族家庭，其次是普米族和怒族家庭，这3个人口较少民族家庭人均年纯收入均在2000元以下，而独龙族家庭人均年纯收入均在1500元以下，这无疑是一个令人震惊的调查结果。鉴于我国现行的农村绝对贫困线是人均年纯收入2300元，可见人口较少民族群众的贫困状况严重到了何种程度。

其实，由于经济社会发展水平的整体落后，8个人口较少民族群众聚居的这6个县（市）的农民人均年纯收入在全国乃至其所在的省（区、市）范围内就已经属于比较低的水平了。以独龙族和怒族聚居的贡山县为例，2013年贡山县农民人均纯收入是2635元，仅为云南省平均水平（6141元）的42.91%、全国平均水平（8896元）的29.62%。普米族聚居的兰坪县稍微好一些，但其2013年的农民人均纯收入也只有3590元，仅为云南省平均水平的58.46%、全国平均水平的40.36%。我国德昂族的主要聚居地——芒市2013年的农民人均纯收入为5801元，在课题组调查的6个县（市）中已经是最高的了（这与它是德宏傣族景颇族自治州的首府有着很大的关系），但这个数字也只是当年全国平均水平的65.21%。

（二）人口较少民族对农村最低生活保障的需求调查

基于人口较少民族群众贫困面广、贫困程度深的现状，其对社会救助的现实需求无疑是巨大的。由于人口较少民族的贫困人口大多数都居住在农村，因此课题组主要了解人口较少民族群众对农村社会救助的现实需求，它既包括对农村最低生活保障这一核心内容的需求，也包括对于各种专项社会救助的需求。课题组所调查的6个县（市）农村最低生活保障的救助标准均明显低于全国平均水平。此外，这6个县（市）的农村低保覆盖率（农村低保对象占农村总人口的比例）也均高于全国平均水平，而贡山、兰坪和陇川的农村低保覆盖率更是特别高，其中贡山县的农村低保覆盖率达到了令人难以置信的61.89%，这集中地反映了当地农村最低生活保障制度所面临的严峻形势（见表2）。

表2　2013年农村最低生活保障比较表

地区	农村最低生活保障救助标准（元/人/年）	农村最低生活保障补助标准（元/人/月）	农村低保覆盖率（%）
全国	2347	107	8.56
贡山县	1668	108	61.89
兰坪县	1668	108	29.98
陇川县	1955	108	30.60
芒市	1955	108	15.84
环江县	1600	84	9.60
罗城县	1600	84	19.10

资料来源：全国数据是根据民政部网站公布的相关数据整理而得来的，6个县（市）的数据是课题组实地调研获得的。

不仅如此，人口较少民族聚居地区城乡低保救助标准的差距也是明显大于全国平均水平的。以贡山县和兰坪县为例，2013年全国城市最低生活保障的平均救助标准为4344元/人/年，是农村最低生活保障平均救助标准的1.85倍，而贡山县和兰坪县的城市最低生活保障的救助标准为4140元/人/年，是当地农村最低生活保障救助标准的2.48倍，这无疑有悖于公平正义原则。

在245户入户调查家庭中有176户家庭是低保户，占被调查家庭总数的71.84%。其中，高达89.19%的景颇族被调查低保户认为当前的农村最低生活保障的救助标准偏低，而怒族只有45.00%的被调查低保户持这一观点。知道城乡低保存在差异的户数所占比例最高的是怒族家庭，达到了55.00%，这一比例最低的是普米族家庭，仅为18.2%，这充分反映出人口较少民族对于我国现行的城乡最低生活保障制度知之甚少（见表3）。

表3 最低生活保障入户调查表Ⅰ（单位：户）

民族	被调查户数	其中的低保户数	认为低保标准偏低的低保户	知道城乡低保存在差异的户数
独龙族	20	20	13	5
怒族	20	20	9	11
景颇族	42	37	33	10
阿昌族	39	33	28	10
德昂族	22	16	13	7
普米族	22	20	12	4
毛南族	40	15	10	9
仫佬族	40	15	10	11

资料来源：本表所有数据均是课题组实地调研获得的。

在课题组入户调查时，52.24%的被调查家庭希望“提高低保救助标准”，其中意愿最强烈的是家庭；31.84%的被调查家庭希望“扩大低保覆盖面”，其中意愿最强烈的是仫佬族家庭；15.92%的被调查家庭希望“低保评选与发放更加公正公平”，其中意愿最强烈的是毛南族家庭（见表4）。

表4　最低生活保障入户调查表Ⅱ（单位：户）

民族	被调查家庭	希望扩大低保覆盖面的家庭	希望提高低保救助标准的家庭	希望低保评选与发放更加公平公正的家庭
独龙族	20	1	13	6
怒族	20	5	9	6
景颇族	42	13	26	3
阿昌族	39	14	23	2
德昂族	22	9	12	1
普米族	22	4	12	6
毛南族	40	12	16	12
仫佬族	40	20	17	3

资料来源：本表所有数据均是课题组实地调研获得的。

从调查结果来看，当前农村最低生活保障的救助标准并不能满足人口较少民族群众的现实需求，考虑到当地比较低的城乡居民收入水平，这一结果实际上是可以预料的。但是，共计39户被调查家庭选择“希望低保评选与低保金发放更加公正公平”这一答案则不得不引起人们的极大关注。尤其值得注意的是，在这39户家庭中，一半以上是低保户，非低保户只占少部分。非低保户选择这一答案的主要理由包括“自己的家庭完全符合条件但却未被评上”“屡屡评不上让人没有了申请低保的意愿”“经济状况很相似的两个家庭一家能评上而另外一家却评不上”等，而低保户选择这一答案的主要理由包括“低保金不同档次之间的差距太小”“对于残疾人家庭、独居老人家庭等类型的低保户应该尽可能多发一些低保金”“小孩多的低保户占便宜而小孩少的低保户吃亏”等。也就是说，非低保户之所以觉得不够公平是因为觉得当地存在符合条件却没有被评为低保户的现象，而低保户之所以觉得不够公平是因为不同档次的低保金之间的差距太小，没有充分照顾到生活特别困难的特殊家庭等原因。

（三）人口较少民族对农村专项社会救助的需求调查

我国现行的农村社会救助体系除了最低生活保障制度这一核心内容之外，还包括医疗救助、教育救助和法律援助等专项社会救助。课题组就教育救助、医疗救助和法律援助这三项专项社会救助对人口较少民族家庭进行了入户调查，调查的内容是其家庭成员是否听说或享受过这三项专项社会救助，以及家庭成员是否有加大专项救助力度的期望，调查的结果并不乐观（见表5）。

表5　专项社会救助入户调查表（单位:%）

民族	对教育救助的知晓率	对医疗救助的知晓率	对法律援助的知晓率	希望加大专项救助力度的家庭比例
独龙族	55.0	60.0	10.0	20.0
怒族	75.0	80.0	40.0	10.0
景颇族	57.1	83.3	21.4	42.9
阿昌族	66.7	87.2	38.5	41.0
德昂族	68.2	90.9	50.0	50.0
普米族	63.6	68.1	31.8	18.2
毛南族	22.5	52.5	10.0	12.5
仫佬族	37.5	80.0	7.5	27.5

资料来源：本表所有数据均是课题组实地调研获得的。

从表5中可以看出，知晓率最高的是医疗救助，为52.5%～90.9%；知晓率最低的是法律援助，为7.5%～50.0%；教育救助居中，其知晓率为22.5%～75.0%；对医疗救助和法律援助知晓率最高的是德昂族，对教育救助知晓率最高的是怒族；对教育救助和医疗救助知晓率最低的均是毛南族，对法律援助知晓率最低的是仫佬族。以上调查数据表明，与最低生活保障制度一样，人口较少民族群众对于专项社会救助政策的了解程度也是比较低的。正因为如此，希望加大专项救助力度的家庭数量也比较少，只有71户家庭表达了这种愿望，仅占被调查家庭总数的28.98%，其中意愿最强烈的是德昂族家庭。

本次入户调查的结果还显示，在人口较少民族家庭中，看病和子女教育已经成为影响家庭经济状况的主要因素（见表6）。

表6　家庭主要经济支出情况调查表（单位：户）

民族	村委会	被调查家庭的户数	被调查家庭中的低保户数	主要经济支出是看病的户数	主要经济支出是教育的户数
独龙族	孔当	10	10	3	4
	献九当	10	10	3	5
怒族	丙中洛	10	10	4	5
	甲生	10	10	4	2
景颇族	营盘	13	12	2	6
	广瓦	29	25	10	7
阿昌族	隆光	24	20	10	8
	朗光	15	13	4	9
德昂族	出冬瓜	12	8	2	3
	勐丹	10	8	4	2
普米族	大羊	11	9	4	4
	箐花	11	11	5	3
毛南	中南	20	4	7	6
	堂八	20	11	8	3
仫佬族	棉花	20	10	13	4
	集环	20	5	8	10

资料来源：本表所有数据均是课题组实地调研获得的。

从表5可以看出，看病是家庭主要经济支出的比例最高的是仫佬族聚居的棉花村委会，达到65.00%，比例最低的是景颇族聚居的营盘村委会，为15.38%。子女教育是家庭主要经济支出的比例最高的有3个村委会，分别是独龙族聚居的献九当村委会、怒族聚居的丙中洛村委会和仫佬族聚居的集环村委会，均达到50.0%，比例最低的是毛南族聚居的堂八村委会，为15.0%。看病或子女教育是家庭主要经济支出的比例最高的是仫佬族聚居的集环村委会和怒族聚居的丙中洛村委会，均占到了90%，比例最低的是德昂族聚居的出冬瓜村委会，为41.7%，除了出冬瓜村委会以外，其余15个村委会的这一比例均在50.0%以上。

鉴于医疗救助是人口较少民族群众知晓率最高、现实需求最强烈的一种专项社会救助，课题组专门对全国唯一的德昂族乡——芒市三台山德昂族乡所辖的出冬瓜村委会的农村医疗救助实施情况进行了个案调查。在2013年上半年，出冬瓜村委会共有10人次享受了农村医疗救助（见表7）。

表7　2013年上半年出冬瓜村委会医疗救助情况统计表

诊断病种	病例（个）	医疗费用（元）	个人自付金额（元）	自付部分占医疗费用的比例（%）	医疗救助金额（元）	医疗救助金占个人自付的比例（%）
新生儿肺炎	1	12228.43	3085.63	25.23	900.00	29.17
腹股沟疝	1	3193.37	921.07	28.84	300.00	32.57
视神经损伤	1	3655.25	1617.35	44.25	500.00	30.91
急性阑尾炎	1	4285.27	1068.27	24.93	300.00	28.08
扁桃体炎	1	4522.91	1889.81	41.78	600.00	31.75
肺癌	1	59447.16	13999.26	23.55	5600.00	40.00

续表

诊断病种	病例（个）	医疗费用（元）	个人自付金额（元）	自付部分占医疗费用的比例（%）	医疗救助金额（元）	医疗救助金占个人自付的比例（%）
中耳炎	1	4912.83	2395.83	48.77	700.00	29.22
肺炎	1	2971.60	1608.80	54.14	500.00	31.08
鼻窦炎	1	5903.84	1423.94	24.12	400.00	28.09
声带囊肿	1	3907.00	1674.20	42.85	500.00	29.87

资料来源：本表所列数据均是课题组实地调研获得的。

从表7所反映的情况来看，医疗救助金只占德昂族群众个人自付医疗费用部分的28%～40%，除了1个重大疾病患者以外，其余患者获得的医疗救助金都不超过个人自付医疗费用部分的三分之一，因此医疗救助的力度是非常有限的。10个医疗救助对象的最终实际个人自付金额为621～8399元之间，其中8个人的个人自付金额都在1000元以上，尤其是患有肺癌这一重大疾病的1个医疗救助对象，扣除医疗救助金之后，他所承担的个人实际自付医疗费用为8399.26元。2013年出冬瓜村委会的农民人均年纯收入为3982元，而当地的农村最低生活保障的救助标准是1955元，也就是说，一般情况下只有人均年纯收入在1955元以下的家庭才能享受到医疗救助（低保户的身份与医疗救助的资格挂钩）。当地村民一旦遭遇重大疾病，即便有新型农村合作医疗和农村医疗救助的保障，他依然要支付相当于其本人4年左右的纯收入的医疗费用，这势必使其原本经济就比较困难的家庭雪上加霜；即使患的是一般疾病，医疗救助对象本人也依然要支付相当于本人半年纯收入的医疗费用。很明显，当地农村医疗救助的力度非常有限，无法有效地满足德昂族群众的现实需求。

在课题组所调查的16个村委会中，德昂族聚居的出冬瓜村委会已经属于经济条件比较好的了，其2013年的农民人均纯收入是16个村委会中最高的。出冬瓜村委会的村民所获得的农村医疗救助的保障水平尚且如此，其他15个村委会的农村医疗救助的保障水平也就可想而知了。

由于地处偏远、交通不便、基础设施建设落后、地方财政对于教育卫生事业投入不足等原因，人口较少民族聚居地区的群众在看病、教育、打官司等方面的成本要明显高于我国其他地区，更容易遭遇“因病致贫”“因读书致贫”等现实问题。因此，人口较少民族对于专项社会救助的现实需求其实比其他民族更为强烈，但是人口较少民族聚居地区的专项社会救助显然无法满足这一需求。

二、对策建议

我国现行的扶持人口较少民族专项政策直接或间接地提高了人口较少民族群众的收入水平，但是，人口较少民族在劳动技能、文化水平和健康状况等方面与其他民族相比在整体上仍然处于劣势，这就决定了在未来很长的一段时间里，人口较少民族对于农村社会救助的现实需求都将是非常强烈的。基于此，人口较少民族聚居地区需要建设更加完善的农村社会救助体系，努力提高农村最低生活保障的救助标准，加大专项社会救助的力度，从而更好地满足人口较少民族群众对农村社会救助的现实需求。具体来说，建议从以下四个方面入手。

（一）加大中央和省级财政对人口较少民族聚居地区农村社会救助资金的转移支付力度

我国的人口较少民族聚居地区地处偏远，自然条件恶劣，交通也很不便利，当地的经济发展水平普遍落后，人口较少民族群众贫困面广、贫困程度深、脱贫难度大。因此，在人口较少民族聚居地区存在着数量庞大的农村社会救助对象，但是当地的地方财政往往入不敷出，在应付金额巨大的农村社会救助资金方面显得力不从心。在这种情况下，必然需要让中央和省级财政来承担更多的责任。

我国农村社会救助资金的筹集长期采取以地方财政为主，中央财政适当给予专项补贴的方式，但我国的地方财力主要集中在省和州（市）这两级，而县级的财力往往是非常有限的。在人口较少民族聚居地区，不仅是县级财政，甚至连州（市）级财政都是非常困难的。鉴于人口较少民族聚居地区是我国经济社会发展最落后的地区之一，课题组建议加大中央和省级财政对当地农村社会救助资金的财政转移支付力度，满足人口较少民族群众对于农村社会救助的现实需求。

（二）把人口较少民族聚居地区的农村绝对贫困人口全部纳入社会救助的保障范围

课题组调查发现，现实中存在着大量的人口较少民族农村低保边缘户，他们的生活很贫困，很多家庭的人均年纯收入在国家绝对贫困线2300元以下，但由于人口较少民族聚居地区的农村低保标准明显低于我国当前的农村绝对贫困线，导致这一部分人被排除在农村社会救助体系之外，享受不到相应的低保金、医疗救助和教育救助等社会救助待遇。

对于没有被农村最低生活保障制度所覆盖的人口较少民族贫困群体来说，他们的生计就很成问题了。农村低保边缘户的家庭人均年纯收入虽然高于农村低保标准，但是如果其家庭成员突发重大疾病，或者子女教育投入大幅增加的话，他们的实际生活可能会比当地的农村低保对象更困难。本着国家对人口较少民族实施专项扶持政策的精神，结合当地较为恶劣的生产和生活条件，课题组建议对人口较少民族聚居地区应当采取倾斜政策，将当地农村最低生活保障的救助标准提升至国家农村贫困线之上。[①] 这样的话，就可以将我国人口较少民族聚居地区的农村绝对贫困人口全部纳入农村社会救助的保障范围之内，切实为人口较少民族贫困群众提供在生产、生活、疾病和教育等方面的社会救助，以充分发挥“最后一道安全网”的作用。

与此同时，鉴于当地存在相当多数量的贫困程度特别深的农村绝对贫困人口，而他们主要是丧失劳动能力的老、弱、病、残和孤儿等农村特殊弱势群体，因此课题组建议适当拉大人口较少民族聚居地区不同档次之间的农村最低生活保障救助金的差距，提高对特殊低保户的补助标准，真正做到“向特殊困难户倾斜”。这次课题组所调查的 6 个县（市）基本上是把当地的农村最低生活保障对象划分为 3 类来进行日常管理：A 类为特别困难户；B 类为比较困难户；C 类为一般困难户。6 个县（市）的农村最低生活保障救助金一、二、三档之间的差距一般也就是每月 10 元左右，不具有多少实际意义，因此很多时候“向特殊困难户倾斜”的政策的象征性意义更大，这种现状必须得到改变。

（三）加大对农村社会救助相关政策的宣传力度

通过对 245 户人口较少民族家庭的入户调查，课题组发现人口较少民族对于农村社会救助的现实需求是比较大的。与此同时，人口较少民族聚居地区有限的农村社会救助基本上集中于生存性救助——农村最低生活保障，而发展性救助——专项社会救助相对比较欠缺，但两者均不能有效地满足人口较少民族的现实需求。入户调查反映出人口较少民族群众对专项社会救助的知晓率并不高，但这并不意味着他们对专项社会救助的需求真的就很少，这是因为在

---

① 刘苏荣：《人口较少民族聚居地区农村最低生活保障分析——基于对我国 3 个人口较少民族自治县的调查》，载《贵州民族研究》，2015（6），28 页。

很多时候，人口较少民族群众是被动地接受当地所提供的农村社会救助，而不是主动地去表达自己对农村社会救助的需求。可以说，正是由于相关政策的宣传力度不够，造成了人口较少民族群众对于农村社会救助体系缺乏较为全面的认识和了解。

基于此，需要加大人口较少民族聚居地区农村社会救助相关政策的宣传力度，要广泛通过当地的广播、电视和网络等现代传媒手段，结合在集市上散发宣传资料、宣传工作队进村和在村民大会上进行宣讲等多种方式，做到让人口较少民族群众对于国家有关农村社会救助的相关政策非常熟悉，让当地的农村社会救助工作切实满足人口较少民族群众的现实需求。

（四）大力发展专项社会救助

在我国现有的农村社会救助体系中，最低生活保障属于典型的生存性救助，而医疗救助、教育救助和法律援助等专项社会救助则属于发展性救助。最低生活保障往往只能帮助解决人口较少民族群众的基本生存问题，而要使其真正摆脱贫困，增强自我发展能力，就必须借助于专项社会救助。我国学者朱德云曾经指出：我国在实施社会救助的过程中，生存性救助多、发展性救助少，无法使救助对象借助全面而综合的社会救助来从根本上彻底摆脱贫困状。[①] 知识贫困和能力贫困是我国人口较少民族聚居地区农村贫困的主要特点之一，它集中地反映出当地人力资本的匮乏现状，特别是在教育和医疗卫生方面。基于此，建议大力发展人口较少民族聚居地区的医疗救助、教育救助和法律援助等专项社会救助，扩大救助面，提升救助水平，以切实增强人口较少民族的自我发展能力，减少“因学致贫”和“因病致贫”现象的发生。

---

① 朱德云：《我国贫困群体社会救助的经济学分析》，94页，上海，上海三联书店，2009。

导致我国人口较少民族聚居地区农村贫穷落后的原因有很多，但最根本的原因是当地教育事业的极端落后所导致的人力资本的严重匮乏，因此教育救助在当地具有极其特殊的重要意义。由于人口较少民族聚居地区地处偏远，经济社会发展水平极端落后，因此高校毕业生大多不愿意选择到这些地方就业，因此当地的教育、医疗和社会保障等各项城乡基本公共服务事业都面临着专业技术人才严重匮乏的严峻形势，从而导致人口较少民族聚居地区与我国其他地区在经济社会发展水平方面的差距越拉越大。基于此，建议国家比照现行的免费师范生培养制度，率先在民族类高校、农林医科等院校启动免收学费的人口较少民族招生专项计划。通过定向招收培养制度，切实提高人口较少民族聚居地区基层管理人员的素质，充实教育、医疗和社会保障等专业技术人才队伍，真正提升人口较少民族的自我发展能力。①

与此同时，本着教育公平的原则，建议我国政府对人口较少民族聚居地区实行特殊的教育救助政策，对于来自当地农村家庭的高中生免除学杂费政策，切实减轻农村高中学生的家庭经济负担，改变大量人口较少民族学生读完初中就走入社会的局面，突破当地在高中阶段的办学“瓶颈”，切实提升人口较少民族的整体文化素质，增强其自我发展能力。此外，建议相关部门在人口较少民族贫困高中生和贫困大学生的资助方面给予特殊的政策照顾，加大专项财政支持的力度，取消对人口较少民族聚居地区的贫困大学生生源地信用助学贷款的名额指标限制，不让一个人口较少民族学生因为贫困而失学。

由于人口较少民族聚居地区地处偏远、地广人稀、经济落后以及农民收入水平极其低下，因此当地的人口较少民族群众在患上重

① 欧元明：《第二轮扶持人口较少民族发展规划中期成效与思考》，载《中南民族大学学报》（人文社会科学版），2015（4），110页。

大疾病的时候，治病所带来的经济压力往往是其整个家庭所难以承受的。但是，课题组的调查结果表明，当前人口较少民族聚居地区的医疗救助，尤其是农村医疗救助被维持在一个较低的标准之上，从而难以有效地解决当地人口较少民族群众“看病贵”“因病致贫”的问题。基于此，建议取消人口较少民族聚居地区医疗救助的封顶线，避免一些人口较少民族家庭因为某个家庭成员得了重大疾病而从经济上把整个家庭彻底拖垮的悲剧。从这次入户调查情况来看，人口较少民族聚居地区农村医疗救助的金额仅为人口较少民族贫困群众自付医疗费用的30%左右，其救助力度实在是太小了，因此必须切实提高当地农村医疗救助的救助力度，尽量不让人口较少民族群众因为患上某种重大疾病而背负过重的经济负担，从而彻底摆脱“因病致贫”现象。

［原载于《湖北民族学院学报》（哲学社会科学版）2016年第3期］

人口较少民族聚居地区农村最低生活保障分析

——基于对我国3个人口较少民族自治县的调查*

一、3个人口较少民族自治县农村最低生活保障制度的特点

（一）农村最低生活保障的覆盖率比较高

2012年，云南省贡山、兰坪和广西壮族自治区环江这3个人口较少民族自治县的农民人均纯收入均明显低于全国的平均水平，这直接导致3个县的农村最低生活保障的覆盖率（农村低保人口占农村总人口的比例）也都比较高（见表1）。

表1　2012年农民纯收入及农村最低社会保障覆盖率比较表

	农民人均纯收入（元）	农村低保覆盖率（%）
全国	7917	8.32
贡山县	2209	62.02

* 基金项目：2013年度国家社科基金项目“人口较少民族聚居地区城乡一体化社会救助体系建设研究”（项目编号：13XMZ063，项目负责人：刘苏荣）的阶段性成果。

续表

	农民人均纯收入（元）	农村低保覆盖率（%）
兰坪县	3016	32.40
环江县	4869	9.64

资料来源：除了全国数据是在相关网站上查阅到的，其他所有数据均是课题组实地调研获得的。

从调查结果来看，农民的人均纯收入越少，农村最低生活保障的覆盖率就越高。以贡山县为例，2012年贡山县农民人均纯收入仅为全国平均水平的27.90%和云南省平均水平的40.78%。2012年国家农村扶贫的标准为年人均纯收入2300元，而贡山县当年的农民人均年纯收入只有2209元，这使得贡山县成为云南省仅有的两个农民人均年纯收入低于国家农村贫困线（农民人均年纯收入2300元）的县之一。2012年，贡山县农村最低生活保障的覆盖率高达62.02%，是全国平均水平的7.45倍和云南省平均水平的4.01倍；在3个县中，环江县的农民人均纯收入与全国平均水平最为接近，因此，其农村最低生活保障的覆盖率只比全国平均水平高出1个百分点左右。

（二）农村最低生活保障的救助标准偏低

农村最低生活保障的覆盖率越高，说明“应保尽保”的实现程度越高。但是，在人口较少民族聚居地区农村最低生活保障的高覆盖率的背后，是救助标准严重偏低的残酷现实。我国的各个地方因为经济社会发展水平的差异而制定了不同的农村最低生活保障救助标准，一般来说，沿海经济发达地区的农村最低生活保障的救助标准要高于中西部地区，而在中西部地区，人口较少民族聚居地区的农村最低生活保障救助标准又要低于其他地区（见表2）。

表 2　2013 年农村最低生活保障比较表

	农村低保平均救助标准（元/人/月）	农村低保平均救助力度系数
全国	196	0.30
贡山县	139	0.76
兰坪县	139	0.55
环江县	133	0.33

资料来源：除了全国数据是在相关网站上查阅到的，本表其他所有数据均是课题组实地调研获得的。

从表 2 可以看出，贡山县、兰坪县和环江县的农村最低生活保障的救助标准均大大低于全国的平均水平，也就是说，在这 3 个人口较少民族自治县有大量的农村低收入群体没有被纳入农村最低生活保障制度中来。

（三）农村最低生活保障的救助力度系数较大

除了覆盖率和救助标准，救助力度系数也成为国内学者研究我国城乡最低生活保障制度的一个重要指标，其公式为：当年度农村最低生活保障救助标准/上年度农民人均纯收入水平。[①] 结合 2012 年度的农民纯收入水平和 2013 年度的农村最低生活保障救助标准，课题组计算出了 2013 年度农村最低生活保障的救助力度系数（见表 2）。除了环江县的救助力度系数略高于全国平均水平外，贡山县和兰坪县的救助力度系数均远高于全国平均水平。但是，救助力度系数并非越大越好，因为过大的话可能会导致“养懒汉”现象。

① 毕红霞等：《论农村最低生活保障财政支持的适度性与政策优化》，载《农业经济问题》，2012（1），29 页。

（四）地方政府对农村最低生活保障的财政支持受到严重制约

由于地处偏远、交通不便和自然条件恶劣，人口较少民族聚居地区的经济社会发展水平与我国其他地方相比处于整体落后的局面，因此，地方政府在财政问题上经常捉襟见肘，其对农村最低生活保障的财政支持受到了严重的制约。以贡山县为例，2012 年在云南省的 129 个县（区、市）中，贡山县的地方财政收入为全省最低，只有 6219 万元。以贡山县现有的财政收入水平，县级财政对农村最低生活保障的资金支持必然会受到严重的制约，课题组调查发现，纳入 2013 年度财政预算的贡山县城乡最低生活保障工作经费仅有 5 万元，这势必会严重影响到当地农村最低生活保障制度的实施效果。

二、人口较少民族家庭入户调查情况分析

为深入了解人口较少民族群众对现行农村最低生活保障制度的看法和态度，课题组对人口较少民族村寨进行了随机的入户调查，其中，在贡山县独龙江乡调查了 2 个独龙族聚居村委会（分别是孔当村和献九当村），在丙中洛镇调查了 2 个怒族聚居村委会（分别是丙中洛村和甲生村）；在兰坪县河西乡调查了 2 个普米族聚居村委会（分别是大羊村和箐花村）；在环江县下南乡调查了 2 个毛南族聚居村委会（分别是中南村和堂八村），共调查了 102 户，入户调查的家庭均为人口较少民族家庭，其中有 75 户家庭是低保户（见表 3）。

表3　人口较少民族家庭入户调查情况分析表Ⅰ（单位：户）

村委会	被调查家庭数	被调查家庭中的低保户数	认为现行农村低保的救助标准偏低的低保户数	知道城乡低保救助标准存在差异的被调查家庭数
孔当	10	10	8	2
献九当	10	10	5	3
丙中洛	10	10	6	6
甲生	10	10	3	5
大羊	11	11	8	1
箐花	11	9	4	3
中南	20	4	2	6
堂八	20	11	8	3

资料来源：本表所有数据均是课题组实地调研获得的。

从调查结果来看，共有44户低保户认为现行农村最低生活保障的救助标准偏低，占被调查低保户的58.67%。不过，在不同的村委会之间还是存在着较大差别的，比如，在独龙族聚居的献九当村委会，50.00%的被调查低保户认为当前的农村最低生活保障的救助标准偏低；而在怒族聚居的甲生村委会，只有30.00%的被调查低保户认为农村最低生活保障的救助标准偏低。另外，知道城市和农村的最低生活保障救助标准存在差异的被调查家庭数也非常少，总共只有29户，仅占被调查家庭总数的28.43%，其中，知晓率最高的是怒族聚居的丙中洛村委会，为60.00%；知晓率最低的是普米族聚居的大羊村委会，仅为9.09%。

表4　人口较少民族家庭入户调查情况分析表Ⅱ（单位：户）

村委会	被调查家庭数	希望扩大低保覆盖面的户数	希望提高低保救助标准的户数	希望低保评选与低保金发放更加公平的户数
孔当	10	1	8	1
献九当	10	0	5	5
丙中洛	10	2	6	2
甲生	10	3	3	4
大羊	11	1	8	2
箐花	11	3	4	4
中南	20	8	7	5
堂八	20	4	9	7

资料来源：本表所有数据均是课题组实地调研获得的。

从调查结果来看，相当多的人口较少民族群众认为当前农村最低生活保障的救助标准并不足以为他们的基本生活提供保障。

三、对策建议

（一）充分利用扶持人口较少民族的专项政策来有效减轻当地农村最低生活保障工作的压力

就目前来看，仅仅依靠农村最低生活保障制度并不能有效解决人口较少民族聚居地区农村贫困人口的温饱问题，当地农村最低生活保障制度的“广覆盖、低标准”在很多时候不但没有帮助农村贫困人口摆脱贫困问题的困扰，反而助长了一部分群体对政府部门的依赖思想，使得当地农村最低生活保障工作显得压力重重。所以，要使当地众多的农村贫困人口彻底脱贫，就应解决人口较少民族聚居地区农民的增收问题，在这一点上，可以充分利用当前我国各级政府对人口较少民族聚居地区的专项扶持政策。中央和地方政府对人口较少民族聚居地区的专项扶持政策能改善当地尤其是农村的交通、通信、农田水利等基础设施状况，同时还扶持发展特色优势产业，这就为当地农民增收创造了良好的条件。

说到底，农村最低生活保障是“输血”，不能从根本上解决农民的贫困问题，而促进农民增收是“造血”，是解决贫困问题的根本途径。所以，人口较少民族聚居地区在今后要充分利用各级政府的人口较少民族专项扶持资金来加快推进当地农业的产业化进程，积极推广先进适用技术，繁荣农村经济，进而促进农民增收。一旦农民的收入提高了，人口较少民族聚居地区的农村最低生活保障对象就会有效减少，当地农村最低生活保障工作的压力自然也就会减小很多。

（二）提升人口较少民族聚居地区农村最低生活保障的救助标准到国家农村贫困线以上

农村贫困线是由国家相关部门确定的用来界定我国农村贫困人口的重要指标，农村最低生活保障救助标准则是由地方政府确定的一种对农村贫困人口是否进行保障的准入标准。一般来说，农村最低生活保障线应该高于（至少等于）农村贫困线。①

贡山县、兰坪县和环江县这 3 个人口较少民族聚居地区的农村最低生活保障救助标准不仅远低于全国平均水平，而且明显低于其所在省份，这意味着当地存在着大量的收入超过农村最低生活保障的救助标准的低收入群体，即低保边缘户。很显然，大量农村低保边缘户的存在必然会影响到农村最低生活保障制度对于人口较少民

---

① 林闽钢、刘喜堂主编：《当代中国社会救助制度：完善与创新》，395 页，北京，人民出版社，2012。

族聚居地区农村的减贫效果，而且也与国家出台的《扶持人口较少民族发展规划（2011—2015年）》的指导思想不相符。

基于以上事实，根据国家对于人口较少民族聚居地区给予专项扶持的政策，结合当地较为恶劣的生产和生活条件，课题组建议对人口较少民族聚居地区应当采取倾斜政策，将当地农村最低生活保障的救助标准提升至国家农村贫困线以上，从而把人口较少民族聚居地区的低收入群体全部纳入农村最低生活保障的范围，以切实解决当地困难群众的基本生活问题。

（三）加大中央和省级财政对人口较少民族聚居地区农村最低生活保障的支持力度

自2007年我国全面实施农村最低生活保障制度以来，农村最低生活保障资金的筹集长期采取以地方财政为主、中央财政适当给予专项补贴的方式，而地方财政主要采取的是省、州（市）、县三级财政来分担农村最低生活保障资金的筹集措施。在全国范围内，筹集农村最低生活保障资金的压力比较大的一般是县级财政，而在人口较少民族聚居地区，州（市）、县两级财政的压力都比较大。在这种情况下，要确保人口较少民族聚居地区农村最低生活保障工作的成效，就必须也只能大力依靠中央和省级财政的大力支持。

鉴于人口较少民族聚居地区是我国经济社会发展最落后的地区之一，因此，在农村最低生活保障资金的筹集问题上，课题组建议对人口较少民族聚居地区适当采取倾斜政策。具体来说，就是由中央和省级财政来承担当地农村最低生活保障资金筹集的大部分任务，州（市）级财政承担小部分任务，取消县级财政的配套资金，如果条件允许的话，州（市）级财政的配套资金也一并取消，农村最低生活保障资金完全由中央和省级财政来承担。

（四）加快人口较少民族聚居地区的城镇化建设

从调查结果来看，人口较少民族聚居地区最低生活保障救助标准的城乡差距是非常之大的（见表5）。2013年，在全国范围内，最低生活保障救助标准的城乡差距是1.8：1（城市在前，农村在后），贡山县是2.5：1，兰坪县也是2.5：1，环江县是1.9：1。除了环江县以外，贡山县和兰坪县最低生活保障救助标准的城乡差距均明显大于全国平均水平。

表5　2013年城乡最低生活保障救助标准比较表

地区	农村低保平均救助标准（元/人/月）	城市低保平均救助标准（元/人/月）
全国	196	362
贡山县	139	345
兰坪县	139	345
环江县	133	255

资料来源：除了全国数据是在相关网站上查阅到的，本表其他所有数据均是课题组实地调研获得的。

人口较少民族聚居地区最低生活保障救助标准的城乡差距之所以明显大于全国平均水平，一个很重要的原因就是当地的城镇化水平过低。根据2012年的统计数据，当年全国的平均城镇化率为52.6%，贡山县为18.7%，兰坪县为23.0%，环江县为27.7%。城镇化率越高，城乡经济社会发展水平的差距就越小，反之亦然；也就是说，城乡差距过大与城镇化率过低有着内在的联系。基于以上事实，要从根本上解决人口较少民族聚居地区城乡最低生活保障救助标准差距过大问题的话，就应大力加快推进当地的城镇化建设。

（原载于《贵州民族研究》2015年第6期）

人口较少民族聚居地区特色农业发展现状分析

——以云南省贡山县为例*

我国的人口较少民族是指本民族总人口在30万以下的28个少数民族，他们大多居住在经济发展水平相对落后的边远地区。① 国务院审议通过的《扶持人口较少民族发展规划（2011—2015年）》明确指出：要着眼于打造人口较少民族加快发展的产业支撑，加强农牧业综合生产能力建设，大力发展特色农业。特色农业属于将区域内特有的名优产品转化为特色商品的现代农业，对于人口较少民族聚居地区来说，发展特色农业的任务显得尤为紧迫。

一、贡山县特色农业发展现状

贡山县是我国唯一的独龙族自治县与怒族自治县，有着丰富的森林资源，其境内的高黎贡山国家级自然保护区的面积有24.3万公顷，占了全县国土总面积的55.6%。由于地理、交通等方面的原因，贡山县贫困面广、贫困程度深，长期以来一直都是云南省最贫困的

---

* 基金项目：2013年度国家社科基金项目“人口较少民族聚居地区城乡一体化社会救助体系建设研究”（项目编号：13XMZ063，项目负责人：刘苏荣）的阶段性成果。

① 中国人口较少民族发展研究丛书编委会：《中国人口较少民族经济和社会发展调查报告》，14页，北京，民族出版社，2007。

县。贡山县海拔高，砂石土壤多，可耕地面积少，而且土地贫瘠，传统农业的产量非常低。基于这一事实，发展特色农业无疑是帮助贡山县实现脱贫目标的最佳途径之一。贡山县目前的特色农业主要有草果种植、独龙牛养殖、高黎贡山猪养殖及中药材种植等。

（一）草果种植

云南省是我国草果的主产地，由于独特的地理位置与生态环境，贡山县尤其适合大面积推广草果种植。2014 年，贡山县共发放草果老年苗 55.48 万苗、新苗 306.45 万苗，受益农户 4189 户，全县草果总种植面积达 1.31 万公顷，比 2013 年猛增了 0.53 万公顷。

（二）独龙牛养殖

独龙牛是我国境内绝无仅有的珍稀牛种，又名大额牛，主要产于贡山县独龙江乡一带，为半野生、半家养的珍贵肉用畜种。在 1985—2013 年间，贡山县先后建立了独龙江乡鲁腊与茨开镇鸠木当、丹珠、打所等独龙牛核心保种场，引进优良种牛 950 头，独龙牛种群数量从 20 多年前濒临绝迹的 77 头，发展到现在的 2560 头，数量增长了 30 多倍。

（三）高黎贡山猪养殖

贡山县盛产的高黎贡山猪被列为“云南六大名猪”，其生长速度较慢，肉质优良，肉味鲜美。贡山县高黎贡山猪的发展方向是扩大养殖规模，实施能繁母猪补贴与生猪标准化养殖扶持政策，激励与引导养殖户转变养殖观念，积极调整养殖模式，建立生态高效生猪养殖基地。

（四）中药材种植

贡山县有着大量海拔高、砂石与腐蚀土壤多的山林，特别适合推广中药材的种植。从2008年开始，贡山县从外地引进优良的白山药品种，拓宽山区农民群众的增收渠道。截至2013年年底，贡山白山药种植面积达3000公顷，年产值达68万元，到2014年年底，全县的白山药种植面积已经突破6000公顷。在2011—2013年间，贡山县重楼种植项目累计投资140万元，重楼种植总面积达到40公顷，由独龙江乡政府具体负责组织实施。

二、存在的不足

现代农业的基本特征是采用现代高新技术、先进的生产设施及现代经营管理手段，实行规模化与集约化生产。① 从这一定义来看，贡山县特色农业的发展水平显然与现代农业的标准还存在相当大的差距，存在很多不足之处，主要表现在以下几个方面。

（一）管理不够规范与科学

以贡山县的草果种植产业为例，长期以来，该产业的项目管理不够规范，缺乏统一的领导，涉及县农业局、县民族宗教局、县林业局及县扶贫办等部门，各部门从立项到实施都各自进行，相互间缺乏足够的沟通。② 与此同时，由于贡山县草果种植户的文化素质整体偏低，其对技能培训的接受能力相对较差，因此在当地推广草果科学栽培的难度比较大。

（二）资金投入不足

贡山县的特色农业普遍存在资金投入不足的现象，因而不利于

① 靳淑平：《我国现代农业发展的演进分析》，载《中国农业资源与区划》，2014（5），95页。

② 王剑、余国生：《贡山县草果产业发展现状与对策》，载《云南农业》，2013（5），43页。

产业化目标的实现。以高黎贡山猪为例，它作为国家畜禽遗传资源之一，其产业资金的投入严重不足，尤其是在品种选育、基因库建设、扩繁养殖等环节仍处于空白。①

高黎贡山猪的项目实施经费很少，从而对养殖工作带来了很多的困难。到目前为止，贡山县还没有规模化、标准化的高黎贡山猪养殖基地。

（三）产业发展尚处于粗放型发展的低水平

受贡山县自然地理环境因素的制约，对独龙牛开发利用的相关研究明显不够，因此贡山县独龙牛养殖业的发展长期处于粗放型的低水平。独龙江乡草场的理论载畜量可达 19860 个黄牛单位，且具有较好的连片草场，发展潜力非常大，但目前实际载畜量仅有 1882 个黄牛单位。② 此外，对独龙牛的跟踪管理水平也还有待提高。

（四）农业社会化服务体系不够健全

在贡山县，基层农业专业合作组织目前尚未得到广泛的建立，特色农业的生产、加工及销售基本上仍处于自发状态。总的来看，由于农业社会化服务体系不够健全，贡山县从事特色农业生产的人口较少民族群众抵御市场风险的能力还比较低下。

三、对策建议

我国的人口较少民族聚居地区基本上属于边疆地区，在当地发

---

① 马文张等：《怒江州高黎贡山猪作为高原特色优势产业发展的现状及对策》，载《畜牧兽医科技信息》，2013（12），13 页。

② 余连华：《贡山独龙牛饲养现状与发展潜力》，载《云南畜牧兽医》，2013（4），20 页。

展特色农业的优势很明显。[①] 现代农业是人口较少民族聚居地区特色农业的发展方向，而要实现这一重大目标，建议从以下几个方面着手。

（一）对特色农业的发展进行统一管理与科学规划

特色农业是一个涉及自然环境、基础设施、原材料、市场营销、物流配送及企业经营等方面的巨大链条，发展特色农业既然涉及方方面面，那么首当其冲的就必须科学规划，以避免无序生产。因此，建议由人口较少民族聚居地区的农业部门对特色农业的发展进行统一管理，加强科学规划与布局工作。只有用先进的科学技术与先进的经验来武装农业，才能实现农业产业化经营的可持续发展。[②]

（二）加大资金投入力度以促进产业化发展

由于人口较少民族聚居地区的经济发展水平普遍比较低，因此无论是规模经营还是分散经营，当地的特色农业都需要庞大的资金投入才能实现产业化的目标。以畜牧业为例，对于我国当前的畜牧业来说，提倡区域适度规模化经营非常必要，特别要提倡适度规模化经营和分散养殖相结合。[③] 在我国的人口较少民族聚居地区，往往有丰富的森林与草场资源，加上交通不便、居民居住分散，因此对于当地的畜牧业来说，规模化经营与分散养殖相结合显得尤其必要。以贡山县为例，截至2014年年底，全县共有草场总面积12.91万公顷，其中可利用面积9.30万公顷。如此得天独厚的发展畜牧业的条

---

① 杨照、栾义君：《边疆地区现代农牧业发展战略研究》，载《中国农业资源与区划》，2014（2），36页。

② 李大胜：《农村生产性公共产品供需分析与供给模式研究》，载《农业经济问题》，2006（5），7页。

③ 王晋臣、杨瑞珍：《中国畜产品区域规模化发展策略、问题与对策》，载《中国农业资源与区划》，2011（4），11页。

件，只要资金的投入得到切实保障，贡山县实现畜牧业产业化的目标必将能够顺利实现。

（三）建立健全农业社会化服务体系

要积极鼓励、引导及支持人口较少民族聚居地区在农村建立健全各种新型的社会化服务组织，为特色农业的发展提供一个良好的平台，实现帮助农户增收的目标。以贡山县的草果产业为例，随着越来越多的独龙族与怒族群众参与到草果种植中来，当地草果产业所面临的市场风险也越来越大，因此建立健全农业社会化服务体系的必要性日益凸显。

（四）努力提高人口较少民族群众的文化素质

产业技能培训无疑是提升当前人口较少民族聚居地区特色农业发展水平的重要手段，调查发现，其实贡山县的独龙族群众，尤其是青年人对产业技能培训的需求相当迫切，但是由于长期与外界交流不畅，独龙族群众的文化素质与学习能力还有待提高。[①] 很显然，教育水平低、人口素质低已经成为当前制约我国人口较少民族自身发展的主要因素。[②] 只有大力提升人口较少民族聚居地区教育事业的发展水平，当地群众的文化素质才会得到提高，才能加快农业科技在当地的推广普及进程，进而提升当地特色农业的发展水平，促进农民增收。以重楼的种植项目为例，作为一种名贵中药材，重楼的种植、田间管理、采收及储运均有严格的专业化要求，其特点就是高附加值、高投入及专业性强，而且云南白药集团已经与贡山县独

---

① 黄建生等：《社会评估与民族地区发展：〈云南省扶持人口较少民族发展规划（2006—2010年）〉实施过程的社会评估》，97页，北京，人民出版社，2013。

② 朱玉福、周成平：《人口较少民族教育事业发展研究》，载《民族教育研究》，2010（4），110页。

龙江乡达成了合作意向，积极为当地的重楼种植产业提供专业化服务。然而，如果没有较高的文化素养，人口较少民族群众将很难从当地的重楼种植产业中获得理想的经济回报。

（原载于《中国农业资源与区划》2015年第6期）

我国社会主要矛盾发生转变背景下人口较少民族聚居地区的深度贫困问题及应对策略

——基于对福贡县匹河怒族乡的调查*

一、解决人口较少民族聚居地区深度贫困问题的迫切性

习近平总书记在党的十九大报告中明确指出：我国当前的社会主要矛盾已经由“人民日益增长的物质文化需要同落后的社会生产之间的矛盾”变成了“人民日益增长的美好生活需要和不平衡不充分的发展之间的矛盾”。就我国当前的国情来说，“不平衡”主要是指城乡之间和地区之间的发展的不平衡，民生领域存在不少需要补齐的短板；“不充分”则是指发展的质量和效益不高，特别是农村地区和落后地区的发展不充分，无法满足人民日益增长的美好生活需要。因此，针对我国当前的社会主要矛盾，迫切需要解决好发展过程中的一些具体的不平衡不充分问题，大力提升发展的质量和效益，特别是要解决好农村地区和落后地区的经济社会发展的不平衡不充

* 基金项目：2016 年度云南省哲学社会科学规划项目“云南人口较少民族整族整体脱贫策略研究”（项目编号：YB2016032，项目负责人：刘苏荣）的阶段性成果。

分问题。

2017年6月23日，习近平总书记在太原主持召开了深度贫困地区脱贫攻坚座谈会，他在会上明确指出："从结构上看，现有贫困大都是自然条件差、经济基础弱、贫困程度深的地区和群众，是越来越难啃的硬骨头。深度贫困地区在2020年如期实现脱贫攻坚目标，难度之大可想而知。"① 这标志着我国当前的脱贫攻坚工作进入了一个新的发展阶段，需要重点解决深度贫困问题。深度贫困本质上就是绝对贫困，它是指个人或家庭不能维持基本的生活水平，家庭成员的基本生活需求无法得到满足。② 而习近平总书记也明确指出，当前我国深度贫困的区域是"集革命老区、民族地区和边疆地区于一体，自然地理、经济社会、民族宗教、国防安全等问题交织在一起"③。

在我国的人口较少民族聚居地区，目前就存在着诸多的发展不充分问题，尤其是贫困问题，而且是较为严重的深度贫困问题。我国的人口较少民族是指本民族总人口在30万以下的28个少数民族，他们大多聚居在经济社会发展水平比较落后的西部省份的边缘地带，这些地方大多属于边疆地区，当地不仅贫困面很广，其贫困发生率远远高于我国的其他地区，更重要的是贫困程度很深，导致当地贫困人口的脱贫难度更是高于其他地区，是我国当前扶贫攻坚工作的重点区域。尽管自2005年以来，我国对人口较少民族聚居地区实施了一系列专项扶持政策，当地的交通、通信和农田水利等基础设施有了较大的改观，经济社会发展水平有了一定程度的提高，贫穷落

---

① 习近平：《在深度贫困地区脱贫攻坚座谈会上的讲话》，载《党建》，2017（9），5~6页。

② 张楚、张守夫：《深入学习习近平总书记"破解深度贫困问题"新思想》，载《前进》，2017（8），12页。

③ 习近平：《在深度贫困地区脱贫攻坚座谈会上的讲话》，载《党建》，2017（9），5页。

后的局面有所改善，但是因为底子太薄，目前当地的深度贫困问题仍然非常突出，其所面临的扶贫攻坚任务依然是无比的艰巨。

我国政府在2011年出台的《扶持人口较少民族发展规划(2011—2015年)》提出了扶持人口较少民族政策所要达到的两个主要战略目标：第一，人口较少民族聚居行政村到2015年要基本实现“五通十有”，即通电、通硬化路、通信息、通广播电视、通沼气；有安居房、有安全饮用水、有卫生厕所、有高产稳产基本农田或增收产业、有学前教育、有文化室或农家书屋、有卫生室、有体育健身和民族文化活动场所、有农家小超市或农资放心店、有办公场所。第二，“一减少、二达到、三提升”，即人口较少民族聚居区的贫困人口数量要减少一半或以上；农牧民人均纯收入要达到当地平均或以上水平，1/2左右的民族的农牧民人均纯收入要达到全国平均或以上水平；基础设施保障水平、民生保障水平和自我发展能力要得到大幅的提升。

根据《扶持人口较少民族发展规划（2011—2015年)》的界定，我国的人口较少民族聚居地区主要包括2个人口较少民族自治州、16个人口较少民族自治县和71个人口较少民族乡。从扶持人口较少民族政策的实施效果来看，“五通十有”这一战略目标基本得到了实现，但是“一减少、二达到、三提升”这一战略目标的实现程度并不理想，相当一部分人口较少民族聚居地区目前依然面临着较为严峻的贫困面广、贫困程度深和脱贫难度大的现实问题。究其原因，在我国的社会主要矛盾还在是“人民日益增长的物质文化需要同落后的社会生产之间的矛盾”的时候，我国的扶持人口较少民族政策实际上主要是为了解决“有无”的问题，“五通十有”这一战略目标就是最典型的例子。但是，“五通十有”所关注的是“数量”，对于通村公路的等级和质量、广电信号的质量、安居房的建筑质量、农田水利设施的质量、卫生厕所的质量、卫生室和文化室的硬件质量等这些所有关乎“质量”的问题，则关注不多。

基于此，当前必须深刻领会习近平总书记关于我国的社会主要矛盾已经发生转变的重要论断的精神，严格贯彻党的路线、方针和政策，在遵循社会公平正义基本原则的前提下对我国现有的扶持人口较少民族政策进行深入改革，妥善解决人口较少民族聚居地区所面临的发展的不平衡不充分问题，尤其是贫困问题。在我国社会主要矛盾发生转变的背景下，既要关注人口较少民族聚居地区民生领域需要补齐的短板这一发展的“不平衡”问题，也要关注发展的质量和效益不高这一发展的“不充分”问题，从而让28个人口较少民族与其他民族一起早日全面建成小康社会。为此，课题组到云南省福贡县匹河怒族乡就当地的深度贫困问题进行了调研，而匹河怒族乡就是我国现有的71个人口较少民族乡之一。

二、匹河怒族乡的贫困现状及致贫原因分析

福贡县匹河怒族乡是我国唯一的怒族乡，位于云南省怒江傈僳族自治州境内，处于怒江大峡谷的中段，距离福贡县城45公里，距离首府六库90公里。匹河怒族乡东靠碧罗雪山，西与缅甸接壤，北连子里甲乡，南与泸水县接壤，自然环境恶劣，交通条件比较差，整个区域属“V”字形峡谷地貌，国土总面积401平方公里，共辖果科、普洛、知子罗、老姆登、沙瓦、瓦娃、棉谷、架究和托坪9个村委会，有47个自然村和95个村民小组，怒族人口占全乡总人口的86%。截至2016年年底，匹河怒族乡9个村共计有建档立卡贫困户（家庭人均可支配收入在2855元/年以下）1311户4691人，贫困人口占全乡农村总人口的46.32%。根据福贡县政府的工作计划，匹河怒族乡是该县最晚实现脱贫摘帽的乡，而福贡县的其他乡都是计划在2017或2018年实现整乡脱贫摘帽，这突出地反映出匹河怒族乡的贫困程度之深和脱贫难度之大。

怒江傈僳族自治州属于典型的喀斯特岩溶地貌，山区、半山区

和高寒山区就占了全州国土面积的91.24%，当地的耕地大部分是“大字报地”，耕作条件非常差。当地怒族所居住的区域一般在海拔2000米以上，由于山高坡陡，沟深谷长，交通往来十分不便，很多村寨隔着一条山沟可以聊天对唱，走到一起则需要半天的时间。这些区域土地贫瘠，年平均气温偏低，日照不足，植被的生长周期较长，生态环境非常脆弱，恶劣的自然环境使得当地的贫困群众的生活长期处于孤立闭塞的状态之中。[①] 而且，由于山高坡陡和耕地面积严重不足，为了维持生计，当地群众过度地在陡坡以上地段垦种，加之当地的降水量大、岩石疏松和构造复杂，因此山体滑坡、泥石流等自然灾害频发。[②] 需要特别指出的是，怒江傈僳族自治州正是习近平总书记在深度贫困地区脱贫攻坚座谈会上公开点名指出的全国五个典型连片深度贫困地区之一，课题组选取了匹河怒族乡下辖的两个村委会——老姆登村委会和架究村委会作为本次调查的重点。

老姆登村委会位于怒江西岸，匹河怒族乡政府驻地的东北面，东以碧罗雪山山脊为界，南接知子罗村委会，北与沙瓦村委会相连，西面以怒江东岸为界，海拔1880米，离乡政府驻地14公里。老姆登村委会共有316户1156人，其中怒族人口占全村总人口的84%，全村人均耕地仅有0.6亩。受当地地理环境的影响，耕地大多在山坡、陡坡等生产环境较为恶劣的地方，农作物主要有玉米、稻谷、豆类、杂粮、核桃、柑橘、油桐、生漆、茶叶、木香、香菌和黄连等。根据扶贫对象建档立卡情况的统计数据，截至2016年年底，老姆登村共有贫困户115户，贫困人口405人，贫困发生率为35.03%，贫困面比较广，人均可支配收入仅为3821元，贫困程度

① 赵曦：《中国西部农村反贫困模式研究》，177～178页，北京，商务印书馆，2009。

② 王文长主编：《少数民族地区反贫困：实践与反思》，90页，北京，中国社会科学出版社，2016。

较深。

架究村委会位于怒江西岸，距离匹河怒族乡政府驻地有 1 公里，属贫瘠和高寒山区，全村全部都是怒族人，很多村民的土地都是在陡峭的高黎贡山山腰，距离村子很远，交通条件对该村经济社会发展的制约作用是非常明显的。匹河怒族乡政府驻地到架究村委会仅有一座钢索吊桥供人马通行，重型车辆无法通过，该村委会下辖的大部分自然村至今仍然未通公路，平时只能通过蜿蜒崎岖的羊肠小道与外界保持联系。因为交通条件非常不便利，加上居民点很分散，物资运输的成本很高昂，所以该村的扶贫项目建设的成本远比匹河怒族乡的其他村委会要高得多。截至 2016 年年底，架究村委会共有 242 户 723 人，其中建档立卡贫困户就有 151 户 515 人，贫困发生率高达 71.23%，远远高于老姆登村，人均可支配收入不足 3000 元，明显低于老姆登村，是全匹河怒族乡贫困程度最深、贫困面最广和脱贫攻坚难度最大的行政村。

匹河怒族乡的致贫原因错综复杂，归结起来主要有自然条件恶劣、交通状况糟糕、农村产业不合理、人口受教育程度偏低、扶贫资金投入不足这五个方面的原因。

第一，自然条件恶劣。匹河怒族乡的基本地貌是山高坡陡、岩层裸露、沟壑纵横、峰峦叠嶂，这种特殊的地形地貌给当地群众的生产生活带来了极大的不便，其所导致的后果就是：首先，虽然人均占有国土面积较多，但能开垦成耕地的极少，且耕地坡度大，粮食单产低，呈“种一大片坡，收一小土锅”的现状，产出的粮食远远不能实现自给。其次，水、电、路、教育、文化和卫生等农村基础设施和社会事业工程的建设难度极大，建设成本非常高昂。基础设施建设的严重滞后是制约匹河怒族乡经济社会发展的最主要因素，而社会事业建设的滞后使得当地群众的各种生产生活成本成倍地增加，他们所能享受到的基本公共服务极其有限。最后，自然灾害非常频繁，每年的旱、风、洪、涝、泥石流等自然灾害频繁发生在匹河怒族乡，而当地群众为解决缺粮问题，总是不断地垦植陡坡，使当地的生态环境不断恶化，最终陷入了越开荒—自然灾害越频繁—耕地越受损毁—越开荒的恶性循环之中。

第二，交通状况非常糟糕。匹河怒族乡的交通基础设施比较落后，当地群众出行极其不便利，从而严重制约了当地经济社会的发展。由于怒江河道落差大、险滩多、巨石密布，夏季暴雨成灾、洪水滔滔，秋冬季春季无雨水枯，江流回旋于巨石之间，无法行船，所以河运无法发展，物资运输唯有依赖路桥。受生计资源富集性差、无法支撑大型村落的生存环境制约，在历史上，怒族在蜿蜒几百公里的怒江大峡谷两岸，形成了极度分散的上百个小型村落。不仅如此，居民耕种的土地、采伐的林地等生产劳动场所远近不一，并且是毫无规则地散布在村落周边，而横亘其间的，或有湍急的河流，或有深切的溪谷，或有悬崖峭壁，或有陡坡密林。目前已经初步建成的路系，是以沿怒江河谷开辟出来的州县公路（六库到贡山）这唯一通道为主干道，串连位于江边的县城、乡镇政府驻地和部分村落，再通过公路桥、钢索吊桥或村道向对岸或邻近的村落延伸。由于钢索吊桥、公路桥及在陡坡和峭壁上开凿道路的建设成本极高，加上滑坡、泥石流等地质灾害频发，这个路系除了主干道是基本畅通的以外，乡村支线晴通雨阻的现象十分突出，道路的通行能力相当差。[①] 目前，匹河怒族乡的 9 个村委会虽然实现了“村村通公路”，但是除了乡政府驻地到老姆登村委会和知子罗村委会的公路是柏油路以外，到其他村委会的公路都是土石路，通行能力比较差，给当地群众的生产生活带来了极大的困难。而需要指出的是，哪怕只是土石路，往往也只限于连通村委会所在地到匹河怒族乡政府驻地的这段路程，而相当多的自然村或村民小组是不通公路的，因此

① 杨筑慧主编：《中国人口较少民族经济社会发展追踪报告》，276～277页，北京，学苑出版社，2016。

物资的运输成本很高。以架究村委会的鲁门小组为例，该村民小组与六库至福贡县城的这条干线公路的直线距离仅有800米左右，但地理上的垂直落差却达到了500米，因此进出该村民小组的物资运输全靠人背马驮，上下一趟就需要大半天的时间，货物是按照重量来收取运输费用的，农户用各种惠农补贴购买的生产生活物资，在运输环节的损耗就达到了15%～30%。[①]

第三，农村产业结构不合理。匹河怒族乡当地群众的经济收入主要以从事传统的种植业、养殖业或外出打零工为主，在种植业中又主要以粮食种植和经济林果为主，养殖业则主要以本地猪和土鸡为主。受当地自然条件的制约，匹河怒族乡不适宜大规模发展粮食生产和大牲畜养殖，而比较适宜种植木香、核桃、草果和柑橘等经济林果，以及发展中药材种植、山地鸡和黑山羊养殖等。近年来，福贡县扶贫、林业、农业等政府部门在匹河怒族乡大力发展种植草果、核桃和柑橘等经济作物，但大多数情况下是在荒山荒坡上种植，科技水平非常有限，导致产能较低，农户增收的难度较大，扶贫的效果并不明显。

第四，人口受教育程度偏低。目前，匹河怒族乡的人口平均受教育年限仅为7年，60岁以上的老龄人口都是文盲，青年一代受高等教育的比例极低。在架究村委会的来同自然村，当地百分之七八十的村民是文盲和半文盲，人口受教育程度较低，导致了以下一些不利局面：首先，当地群众自我发展意识不强，“等、靠、要”思想长期存在。其次，当地群众的商品交换意识不强，自给自足的思想比较严重。再次，村民的计划生育意识淡薄，多子多福的思想比较严重，陷入越穷越想生、越生越穷的恶性循环。最后，因为文化素质低、劳动技能差以及和其他民族语言沟通困难等原因，导致当地

① 杨筑慧主编：《中国人口较少民族经济社会发展追踪报告》，276页，北京，学苑出版社，2016。

群众长期外出打工的人数非常少，非农产业收入较少，不利于贫困户的脱贫。

第五，扶贫资金缺口较大。近年来，福贡县委、县政府对匹河怒族乡的扶贫开发工作非常重视，扶贫资金投入较多，使该乡的贫困状况得到了一定程度的缓解，生产生活条件得到了明显的改善。但是，福贡县地方财政一直比较困难，无力投入为匹河怒族乡的扶贫工作投入更多的资金，加上农户的自筹能力极为有限，因此对当地基础设施和社会事业的投入主要依靠靠怒江傈僳族自治州财政、云南省财政及中央专项财政的资金支持，不确定因素较多，因此扶贫资金的缺口一直比较大。与此同时，匹河怒族乡总体的自然环境比较恶劣，所以基础设施和社会事业项目建设的成本普遍较高，需要投入的资金量非常巨大，同样的扶贫项目，在匹河怒族乡与在其他地区，在江边的村子与在山上的村子，其资金投入差距之大甚至可以用“天壤之别”来形容。例如，来同自然村是架究村委会最偏僻的自然村，它与缅甸接壤，距离匹河怒族乡政府驻地 16 公里，交通更是不便利，当地各种扶贫项目的建设成本相当高。由于山高路远，建设成本高，将建筑材料运送过江并搬运上山需要耗费大量的人力物力，在江边只需要 500 元就能建好的扶贫项目，到了山上甚至需要 2 万元才能建好。在江边，每块空心砖只需要 2 元钱，但是在山上就需要8 ~9元，一袋水泥运到山上，运费就达到 60 ~ 70 元，来同自然村医疗点的项目建设花费了 5 万元的扶贫资金，但如果在江边的话则只需要 5000 元左右。①

---

① 罗明军：《云南特有七个人口较少民族扶贫绩效调查研究》，251 ~ 252 页，北京，中国社会科学出版社，2015。

三、匹河怒族乡深度贫困问题的应对策略

从国家战略的层面来看，我国人口较少民族聚居地区的深度贫困问题不仅仅是一个关系到脱贫攻坚任务能否按时完成的民生问题，更是一个关系到党的各民族平等、团结和共同繁荣的民族政策能否得到贯彻落实，以及边疆地区社会能否保持稳定的重大政治问题，所以必须积极采取有效的应对策略。总的来看，作为典型的深度贫困地区，匹河怒族乡的贫困问题更多地属于地缘性贫困，也就是说，它主要还是因为当地较为恶劣的自然环境所导致的。一般来说，地缘性贫困地区与生态失衡区、耕地承载能力脆弱区、经济社会基础薄弱区、人力资本积累低水平区高度重叠。包括经济资源在内的自然资源、基础设施和人力资源等多种生计资源严重缺失的状况，是迫使地缘性贫困人口陷于传统农业困境的主要原因，或者说是他们发展现代农业、提升产业结构层次、就地脱贫的多重障碍。[①] 在我国社会主要矛盾发生转变的背景下，基于匹河怒族乡的深度贫困问题现状，课题组提出如下应对策略，主要涉及五个方面。

（一）重点解决交通问题，加大易地扶贫搬迁力度，推进安居工程建设

通村（自然村或村民小组）公路非常重要，通大路大富，通小路小富，不通路则不富，因此必须花大力气改善怒族群众反映强烈的交通问题，消除这个制约当地扶贫攻坚工作的“瓶颈”，夯实怒族

① 王丽华：《农村反贫困与就业援助专项制度建设研究》，85页，北京，民族出版社，2012。

地区自我发展的基础。[①] 交通状况是制约匹河怒族乡经济社会发展的最主要因素，也是制约当地扶贫攻坚工作的“瓶颈”，因此需要完善当地现有的道路系统，提升道路和桥梁的等级，并逐渐扩大其对当地居民点的覆盖面。匹河怒族乡政府要在统筹规划的基础上，整合交通、农业、民族宗教和扶贫开发等部门的扶贫专项资金，适当提高当地的公路等级，确保乡政府驻地到9个村委会都开通柏油路，9个村委会下属的人口相对比较集中的自然村和村民小组都开通土石公路，从而为扶贫攻坚工作打下坚实的基础。

鉴于当地恶劣的自然环境、零星分布的居民点和高昂的道路建设成本，有必要以匹河怒族乡政府驻地及其周边村庄、公路主干道沿线和耕作条件较好的自然村作为吸附点，将零星分布的那些自然环境比较恶劣且自然灾害多发地带上的小型居民点住户，按照自愿的原则，有序地进行易地扶贫搬迁，妥善地进行安置。要通过落实抗震安居房建设、乡村旧房改造、易地扶贫搬迁、就地新建和鼓励贫困户进城购房等办法抓好安居工程建设，这样不仅可以使匹河怒族乡的交通出行难题得到较好的解决，而且还可以为搬迁安置的贫困户提供更多更好的发展机遇，享受更为便利的城乡基本公共服务。

匹河怒族乡政府计划在2017年内完成果科村委会阿家王底、普洛村腊块腰、知子罗新村三个安置点集中安置共259户806人（其中建档立卡贫困户数207户648人）；进集镇购房15户47人（均为建档立卡贫困户），计划总投入4406.32万元。启动托坪村委会托坪小组易地搬迁工作，动员托坪村部分农户抓住搬迁机遇，实现同步搬迁，重点扶持搬迁户的茶叶种植及核桃提质增效项目；启动沙瓦村委会指挥田小组易地搬迁项目，动员贫困群众实施易地搬迁实现脱贫摘帽。当然，从长远来看，匹河怒族乡需要实施更多的安居工

---

① 罗明军：《云南特有七个人口较少民族扶贫绩效调查研究》，256页，北京，中国社会科学出版社，2015。

程建设，以帮助更多的居住环境比较恶劣的贫困户搬迁到交通相对便利和自然条件相对不是很恶劣的地方居住，从而有效降低当地扶贫攻坚工作的难度。例如，像架究村委会来同自然村这样生存条件比较恶劣的村子，建议就采取整村搬迁的方式，把该村的全体村民搬迁到匹河怒族乡政府驻地及其周边村庄，或者主干道沿线进行妥善的安置。

（二）大力发展特色农业

习近平总书记明确指出："深度贫困地区要改善经济发展方式，重点发展贫困人口能够受益的产业，如特色农业、劳动密集型的加工业和服务业等。"① 鉴于当地农业生产所面临的恶劣自然条件，匹河怒族乡要有效地解决深度贫困问题，依靠传统农业是肯定行不通的，因此只能选择大力发展特色农业的扶贫攻坚策略。按照福贡县政府发展峡谷生态农业工程的要求，结合匹河怒族乡的实际，当地正在全力推进"4211"峡谷生态农业工程，即计划到2020年实现全乡核桃种植4万亩、草果2万亩、黄连1万亩和茶叶1万亩，客观地说，这一发展策略是很符合地方实际的。截至2016年年底，匹河怒族乡特色农业种植总面积已经达到了12.65万亩，其中核桃27000亩（其中挂果4100亩）、草果12191亩（其中挂果3908亩）、黄连13461.8亩、茶叶5861亩、漆树2316亩。

就老姆登村来说，当地地形类别主要为山坡、山间台地和山峰，受特殊地理气候的影响，村里历来有种植茶叶的习俗。截止到目前，全村茶叶种植面积达到了3600亩，其中可采摘面积1800亩，村里共有茶叶加工厂4家、家庭式作坊6家（采用传统手工制茶），年均产值180万余元。茶叶生产企业主要有以下几家：

---

① 习近平：《在深度贫困地区脱贫攻坚座谈会上的讲话》，载《党建》，2017（9），8页。

1. 福贡老姆登高山茶叶种植农民专业合作社

老姆登高山茶叶种植农民专业合作社成立于2010年11月20日，注册资金155万元，社员11户（老姆登村农户），每户社员年均收益3万元，关联农户60户（茶叶种植农户），涉及茶叶地2000亩（大部分位于知子罗村）。年产茶8吨左右（绿茶6吨、红茶2吨），年收入约80万元，关联农户年直接收入总计30万元（户均2万元）。

2. 福贡县匹河怒族乡老姆登陆金茶厂

陆金茶厂成立于2001年9月14日，注册资金50万元，关联农户25户，年产茶4吨，年收入40万元，涉及茶叶地150亩，关联农户年直接收益总计12万元（户均5000元左右）。

3. 福贡县匹河老姆登金山茶厂

金山茶厂成立于2012年12月30日，关联农户20户，年产茶2.5吨，年收入25万元，涉及茶叶地200亩（大部分茶树目前尚未具备采摘条件，预计两年后才能采摘），关联农户年直接收益总计10万元（户均5000元左右）。

4. 福贡150茶叶种植农民专业合作社

150茶叶种植农民专业合作社成立于2014年7月，注册资金110万元，社员5户，每户社员每年直接收益2万元，关联农户30户，年产茶1.5吨，年收入15万元，涉及茶叶地108亩，关联农户年直接收益总计15万元（户均5000元左右）。

5. 福贡县老姆登金林茶叶种植农民专业合作社

金林茶叶种植农民专业合作社成立于2014年10月23日，注册资金434万元，社员57户，每户社员直接收益7700元，关联农户70户，年产茶5吨，年收入50万元，涉及茶叶地1085亩（大部分茶树尚未具备采摘条件，预计两年后才能采摘），关联农户年直接收益总计35万元。

2016年4月，“老姆登茶”品牌获得了国家有机食品认证，老姆登茶虽已初具名气，但由于全村茶叶加工规模化程度不足，年产可销售茶叶量仅为15～20吨。因为产量较低，老姆登村茶叶仅能勉强供应怒江傈僳族自治州地区的消费和零星的旅游采购，暂时难以满足外界的大量需求。与此同时，全村茶叶经营企业数量较多，且各自为政，缺乏统一管理和调度，从而制约了老姆登茶品牌的推广。不过，当前老姆登茶叶产业的焦点问题是茶农与茶叶加工厂商之间的利益关系，当地茶农反映最多的就是茶叶加工厂商经常把鲜茶收购价压得过低，导致种茶农户增产不增收，打击了他们种植茶叶的积极性，而老姆登村各茶叶厂商的基本态度是：只要农户按照鲜叶加工有机茶的标准，做到不施用农药和化肥，达到加工有机茶的标准，他们就可以相应地提高鲜茶叶的收购价格。

基于此，为了切实提升老姆登村茶叶产业的扶贫效果，建议要从以下几个方面入手：首先，广大茶叶种植户要以生态农业为己任，不施用农药和化肥，通过生态种植提高茶叶的品质，走“以质量而不是数量求发展”的道路。其次，要积极打造茶叶产品的销售平台，不断拓宽产品销售渠道，着力打造老姆登茶品牌，以确保广大茶农脱贫致富。再次，结合老姆登村茶叶产业的发展现状，未来需要大力支持村内茶园的扩建，在增大茶叶种植规模的同时要不断增加收益农户的数量，切实增加茶农的收入并带动村内茶叶产业链的整体发展，让更多的贫困户通过茶叶产业实现脱贫的目标。最后，对于老姆登村的茶叶产业来说，当务之急是合理整合村内茶叶经营企业和茶叶品牌，改变粗放经营的状况，不断提升产品的技术含量和附加值，为解决当地的深度贫困问题发挥积极的作用。

（三）要进一步抓好民族文化建设，促进当地民族特色旅游业的发展

习近平总书记说过：“绿水青山就是金山银山。”在不破坏当地生态环境的前提下，借助于匹河怒族乡丰富的民族特色来发展旅游

业无疑具有广阔的发展前景，这是一条解决当地深度贫困问题的好途径。匹河怒族乡拥有丰富的自然资源和人文资源，但这些丰富的旅游资源长期得不到合理的开发利用，没有形成产业化发展，缺乏市场竞争力，当地的旅游业一直得不到有效的发展，尤其是民族特色没有得到充分的展示。在2013—2016年间，匹河怒族乡累计接待游客3.1万人次，实现旅游总收入仅为1642万元，这个成绩显然并不理想。

由于认识到当地旅游业发展存在的不足，近几年以来匹河怒族乡通过挖掘怒族特色文化，已经为打出怒族文化品牌奠定了一定的基础，着力打造知子罗“记忆之城”，而且老姆登—知子罗景区已经被纳入云南省4A级景区创建备选名录。匹河怒族乡已经开发出一批具有怒家风情的农家乐，引导有条件的农户开展以“吃怒家饭、住怒家屋、赏怒山怒水、品怒族情”为特色的“农家乐”乡村生态休闲旅游，有着浓厚的民族特色。截至2016年年底，匹河怒族乡已经实施了老姆登民族特色村民居改造和乡村旅游步道建设工程和知子罗村“记忆之城”基础设施建设项目。就长远规划来说，则需要尽早启动匹河怒族特色旅游小镇的建设，重点打造知子罗村、老姆登村、果科阿甲王底、上帕村亚务都、达普洛村、拉马底村格咱和古当村7个民族特色旅游村。与此同时，需要积极开展从业人员技能培训，全力培育具有怒族特色的乡村旅游业，更为重要的是，要进一步挖掘传承怒族文化，将怒族文化融入当地旅游业，从而全方位地提升旅游品质。而要做到这一点，前提之一就是要深入开展怒族民间传统文化挖掘、整理和保护工作，着力培养怒族文化的传承人。

以老姆登村委会为例，当地的风光秀丽，景色宜人，老姆登教堂和老姆登茶厂是村内重要的旅游景点，目前全村日均游客量达20人以上，节假日高峰期单日游客量达200人次以上。村里目前已建有13户“农家乐”，其中的“怒苏哩150客栈”已成为村内集餐饮、住宿、导游为一体的个体创业典型。全村经营餐饮和住宿的“农家乐”数量虽多，但是具备较大接待能力的“农家乐”却为数极少，并且对怒族民族特色的展示力度严重不足。与此同时，村内住宿和餐饮业的发展缺乏统一的管理和规划，存在随意建设现象，当地的旅游配套设施急需进行完善，餐饮、住宿等服务行业服务质量和水平也还有待提高，全村总体的旅游接待能力还比较弱。

基于此，课题组提出如下应对策略。首先，相关部门应当对匹河怒族乡的旅游产业进行大力扶持。例如，2016 年就启动了老姆登村旅游产业帮扶项目，具体内容如下特色民居建设 30 户，补助标准 4 万元/户，投入 120 万元；旅游接待示范户 13 户，补助标准 2 万元，投资 26 万元；特色产业加工示范户 2 户，补助标准 1 万元，投资 2 万元；手工产品示范户 8 户，投资 4 万元；游客步行石板路 2100 平方米，投资 63 万元。上述资金一共合计 215 万元，全部由福贡县民族宗教局筹措资金。其次，建议在各个村委会组建旅游服务协会，并对村内旅游资源进行统一规划，引进专业的旅游服务企业进村投资，用心打造旅游产业链。最后，要想办法尽可能多地向游客展示当地的怒族文化特色，特别是在歌舞表演以及特色手工艺品方面，因为怒族文化特色不突出是当前匹河怒族乡旅游业的短板之一。民间工艺品的制作一定要形成产业化。当前，匹河怒族乡有特色的民间工艺品制作大部分以个体经营为主，手工艺品制作意识还停留在传统生产生活用具上，缺乏创新精神，没有多少市场竞争力，因此急需进行创新，走规模化经营的道路。

（四）努力推进农村剩余劳动力的转移工作

在党中央确立了精准扶贫战略的大背景下，特别是随着《中共中央国务院关于打赢脱贫攻坚战的决定》的出台，帮助贫困地区的城乡劳动力实现充分就业，以切实解决当地的绝对贫困问题，已经是迫在眉睫了。向地缘性贫困地区的农村人口提供就业援助，帮助其从农业资源匮乏的区域走出来，无疑具有重大的现实意义。破解地缘性贫困人口分布区域农业资源匮乏性贫困，一方面必须释放出农业领域“显性”与“隐性”的剩余劳动力人口，使农业从业人口比重大幅度下降，从而改善农业从业人员的资源禀赋，提高农业劳动边际生产率和收入水平；另一方面，必须助推农业剩余劳动力人口勇于离开农业、离开家乡，有效地拓展农村第二、三产业和向外转移就业的空间，从而拓展生计来源。① 在生产生活条件比较恶劣的深度贫困地区，实施农村剩余劳动力的有效转移，让他们从非农产业中获取一定的工资性收入，无疑是扶贫攻坚工作的最佳途径之一。

在匹河怒族乡，村民外出务工的意识并不强烈，他们更愿意守着祖祖辈辈耕作的这片土地。例如，老姆登村委会长年外出务工的仅有 82 人，其中到省外务工的有 44 名，作为一个有着 1000 多人口的村子，显然这个外出务工的规模太小了。客观地说，老姆登村委会在匹河怒族乡属于经济社会发展水平比较高的村委会，该村子的剩余劳动力的转移状况尚且如此，其他经济社会发展水平比较低的村委会比如架究村委会和托坪村委会，其剩余劳动力的转移状况就更不乐观了。在可耕地极其匮乏且土地贫瘠的情况下，大量的农村剩余劳动力待在村子里从事传统农业，只会加剧而不能缓解当地的深度贫困问题。

基于此，匹河怒族乡需要深入挖掘农村劳动力就业潜力，不断扩大劳务输出和劳务创收的规模；要引导职业技术学校、中介组织和经纪人充分发挥桥梁作用，多渠道带动劳动力外出务工；要以强化技能培训、拓宽就业渠道、搞好维权服务和积极扶持创业为重点，多渠道转移当地的农村剩余劳动力，并进一步提升农村劳动力转移就业技能培训的层次和水平。

---

① 王丽华：《农村反贫困与就业援助专项制度建设研究》，109 页，北京，民族出版社，2012。

（五）积极引导社会力量广泛参与到扶贫攻坚的工作当中

习近平总书记明确指出："要通过多种形式，积极引导社会力量广泛参与深度贫困地区脱贫攻坚，帮助深度贫困群众解决生产生活困难。"① 鉴于当地较为困难的地方财政状况和较大的扶贫资金缺口，匹河怒族乡深度贫困问题的解决肯定离不开社会力量的广泛参与，而不能一味地依靠政府财政资金。例如，华电怒江公司在2016年就制定了帮扶老姆登村"老姆登茶"产业发展方案，该方案的实施必将为老姆登村的扶贫攻坚工作发挥积极的作用，它的具体内容如下。

1. 新建标准化茶园（2017 年上半年完成）

新建标准化茶园，规模暂定为350 亩，涉及主要工作为建园整地、茶苗购置、有机肥购置、种植施肥。（1）建园整地费用：1000元/亩，共计350 亩，35 万元（主要雇用本村建档立卡贫困户完成此项工作，特别是尽量安排公司干部挂包贫困户参与）。（2）茶苗费用：每亩2700 株，每株0. 5 元，350 亩共计47. 25 万元。（3）有机肥费用：每亩2 吨，每吨300 元，350 亩共计21 万元。（4）施肥、种植用工费用：350 亩，每亩200 元，共计7 万元（主要雇用本村建档立卡贫困户完成此项工作）。（5）合计费用110. 25 万元。

2. 低产茶园改造转换（2017 年3 月前完成）

低产茶园改造转换，规模暂定为500 亩，涉及主要工作为人工改土、有机肥购置、修剪施肥。（1）改土用工费用：300 元每亩，共计500 亩，15 万元（主要雇用本村建档立卡贫困户完成此项工作）。（2）有机肥费用：每亩2 吨，每吨300 元，500 亩共计30 万元。（3）修剪施肥用工费用：每亩5 个工，每个工50 元，500 亩共

① 习近平：《在深度贫困地区脱贫攻坚座谈会上的讲话》，载《党建》，2017（9），8 页。

计12.5万元（主要雇用本村建档立卡贫困户完成此项工作，特别是尽量安排公司干部挂包贫困户参与）。(4) 合计费用57.5万元。

3. 费用统筹安排计划

新建标准化茶园350亩，安排资金102万元（建园整地费用35万元，茶苗费用45万元，有机肥费用20万元，施肥、种植用工费用2万元）；低产茶园改造500亩安排48万元（改土人工费用15万元，农家肥费用30万元，修剪费用3万元）。2016年合计安排老姆登茶产业发展费用为150万元。新建茶园鲜叶采摘的年收入预计为63万元（每亩150公斤，每公斤12元），其中一半归农户所有，一半划归村委会集体所有。

论扶持人口较少民族政策在实施中面临的问题

——基于对我国4个人口较少民族自治县的调查*

我国的人口较少民族是指本民族总人口在30万以下的28个少数民族，他们大多居住在经济发展水平相对落后的边远地区，就群体而言，这是属于全国人口中最贫困的一部分，也是最需要政府扶持帮助的一部分。[①] 国务院审议通过的《扶持人口较少民族发展规划（2011—2015年）》，提出要以转变发展方式、增强自我发展能力为主线，促进人口较少民族聚居地区经济社会的跨越式发展和长治久安。总的来看，人口较少民族聚居地区是我国经济社会发展水平相对比较落后的地区，贫困问题和民生问题比其他地区要严重得多。根据《扶持人口较少民族发展规划（2011—2015年）》，我国的人口较少民族聚居地区实际上包括2个人口较少民族自治州、16个人口较少民族自治县、71个人口较少民族乡和2119个人口较少民族聚居村委会。

扶持人口较少民族政策在本质上是一种针对特定民族聚居地区的专项扶贫开发，该政策是以专项扶持项目的形式来具体贯彻落实

---

* 基金项目：2013年度国家社科基金项目“人口较少民族聚居地区城乡一体化社会救助体系建设研究”（项目编号：13XMZ063，项目负责人：刘苏荣）的阶段性成果。

① 中国人口较少民族发展研究丛书编委会：《中国人口较少民族经济和社会发展调查报告》，14页，北京，民族出版社，2007。

的。随着该项政策的逐步实施，人口较少民族聚居地区的交通、通信、农田水利和广播电视等基础设施有了较大的改善，但是在实施过程中一些现实问题也逐渐暴露出来，这些问题的出现或多或少地对扶持人口较少民族政策的实施效果产生了不利的影响。

2013 年 10 月至 2014 年 8 月，课题组先后到我国的 4 个人口较少民族自治县对扶持人口较少民族政策在当地的实施情况进行了深入调查，研究政策实施过程中面临的一些现实问题，以求为下一阶段扶持人口较少民族政策的制定提供一些决策参考。这 4 个县分别是云南省的贡山独龙族怒族自治县、兰坪白族普米族自治县，以及广西壮族自治区的环江毛南族自治县、罗城仫佬族自治县，涉及独龙族、怒族、普米族、毛南族和仫佬族这 5 个人口较少民族。

一、4 个人口较少民族自治县的基本现况

罗城县境内居住着仫佬、壮、汉、苗、瑶、侗等 12 个民族，全县常住人口 30.35 万人（其中乡村人口 21.95 万人），少数民族人口占总人口的 73.0%，其中仫佬族人口 12.55 万人，占总人口的 41.4%，是全国唯一的仫佬族自治县；仫佬族人口占 20% 以上的聚居村委会有 57 个，涉及 17.0584 万人，占全县乡村人口的 77.7%，其中仫佬族人口 9.9207 万人。

贡山县是我国唯一的独龙族自治县和怒族自治县，同时还是我国独龙族唯一的聚居地。少数民族占全县总人口的 96.4%，其中独龙族和怒族分别占贡山县总人口的 16% 和 20%。独龙族聚居村委会有 6 个，怒族聚居村委会有 9 个，其中包含独龙江乡下辖的全部 6 个村委会和丙中洛镇下辖的全部 4 个村委会，合计占全县乡村人口的 35%，加上在其他乡镇的 5 个怒族聚居村委会，贡山县 15 个人口较少民族聚居村委会的总人口已经占到全县乡村人口的 50% 以上。

兰坪县是全国唯一的普米族自治县，少数民族人口占全县总人

口的93.5%，其中普米族人口占总人口的7.5%。全县共有21个普米族聚居村委会，总人口19124人；3个怒族聚居村委会，总人口3008人。24个人口较少民族聚居村委会的人口合计占全县总人口的10%，占全县乡村人口的12%。

环江县是全国唯一的毛南族自治县，少数民族占全县总人口的92.8%，其中毛南族人口占总人口的16%。有72个毛南族聚居村委会，总人口16.99万人，占全县乡村人口的85%；其中，毛南族5.43万人，占全县毛南族总人口（5.98万人）的90%以上。

二、扶持人口较少民族政策在实施中面临的问题

（一）人口较少民族群众的参与程度比较低

扶持人口较少民族政策基本上是以专项扶持项目的形式来实施的，纵观课题组在4个人口较少民族自治县的调查情况，人口较少民族群众在专项扶持项目实施过程中的参与程度低是一种普遍现象。大部分的专项扶持项目基本上是遵循这样一个程序：地方政府规划—从上级部门获得资金—聘请专业技术人员设计—公开招标—中标者组织施工—工程结束验收。在整个过程中，地方政府、项目管理单位和施工单位是主角，群众参与基本上是以村民大会的形式来实现的，而在村民大会上发言的基本上是各级领导，几乎没有普通村民的声音。① 课题组在调研时的感受之一就是：很多时候，人口较少民族群众更像是扶持人口较少民族工作的“旁观者”而非“参与者”，这与国家制定和实施扶持人口较少民族政策的初衷并不完全相符。

① 黄建生等：《社会评估与民族地区发展：〈云南省扶持人口较少民族发展规划（2006－2010年）〉实施过程评估》，8页，北京，人民出版社，2013。

（二）人口较少民族聚居地区的乡村教师队伍建设有待加强

从人力资本理论的角度来看，教育事业是增强人口较少民族自我发展能力的关键因素，其中教师队伍建设又是重中之重。鉴于大部分人口较少民族群众都是居住在农村，人口较少民族聚居地区乡村教师队伍的建设对于人口较少民族群众自我发展能力的提升显得至关重要。但是，课题组的调查结果显示，4 个人口较少民族自治县的乡村教师队伍建设现状让人难以乐观。

以我国独龙族唯一的聚居地——贡山县独龙江乡为例，当地的独龙族群众受教育程度低，整体综合素质偏低，缺乏本民族的专业技术人才，而这正是实现独龙族跨越式发展的最大短板。独龙江乡目前设有 1 所九年一贯制学校和 2 所村级小学，共有 36 名教师，在校学生 426 人，当地教师队伍的基本情况很不乐观（见表 1）。

表 1　2014 年 6 月贡山县独龙江乡专任教师队伍情况统计表（单位：人）

学段	教师人数	教师学历			教师职称			
		本科	专科	中专	高级	中级	初级	未定
初中	6	5	1	0	1	5	0	0
小学	27	2	23	2	0	6	17	4
幼儿	3	0	3	0	0	0	1	2

资料来源：贡山县教育局统计数据。

从表 1 可以看出，独龙江乡教师队伍的学历基本上是以专科为主，其中有相当一部分是通过成人教育获得大专学历的；在职称方面，基本上是以初级职称为主。独龙江乡教师队伍的窘迫现状与当前独龙江乡在基础设施建设方面取得的巨大成绩形成了鲜明的对照，这种情况引人深思。

自2012年以来，罗城县中小学教师队伍中每年离岗人员（含退休、辞职、调出等）均在100人以上。近年来，虽然积极落实了教师补充机制，有计划地公开招聘大中专院校毕业生到农村中小学任教，但是，由于教学任务重、工资待遇低，许多大学毕业生不愿意报考教师岗位，导致教师招录计划不能完全落实。2013年，罗城县教育系统计划招录教师178人，出现39个岗位无人报考的现象，而且基本上是农村中小学岗位；计划招录特岗教师30人，实际到位24人。全县乡村教师数量呈现逐年递减的现象，已经无法保障现有的乡村教育教学的需求。

（三）人口较少民族聚居地区的乡村卫生医疗服务能力比较欠缺

《扶持人口较少民族发展规划（2011—2015年）》明确指出要加强人口较少民族聚居地区农村卫生服务队伍的建设，提高乡村医生服务能力。但是，课题组调查发现，4个人口较少民族自治县均存在乡村卫生医疗服务能力比较欠缺的问题。

以罗城县为例，截至2013年年底，罗城县共有乡村医生176人，其中30岁以下25人、31~40岁39人、41~50岁56人、51~60岁38人、60岁以上18人；具有执业助理医师（执业医师）10人，中专以下学历78人、中专学历88人、大专学历10人。全县125个行政村，无乡村医的行政村有14个，按照每千人配备1名乡村医生的标准，罗城县应有乡村医生330人，但目前尚缺154人。乡村医生不但人数严重不足，而且年龄老化、素质偏低，约有一半的乡村医生不能独立地开展基本医疗和公共卫生服务工作。按照广西壮族自治区的乡镇卫生院标准配备要求，罗城县12个乡镇的卫生院均不达标，原有的X光机、B超等医疗设备已经老化，不能正常开展工作，尤其是血球仪、生化仪等设备十分紧缺。12个乡镇卫生院应该配备副高级职称 14 人，但目前一个也没有；应该有中级职称 135 人，目前也仅有 49 人，医务人员的业务能力还有待提高。目前，罗城县 12 个乡镇的卫生院合计空岗 100 个，已经严重影响乡镇卫生院正常工作的开展，因此急需加大医学人才的招聘力度。此外，乡镇卫生院职工住房基本上是 20 世纪 70 年代建成的砖瓦房，大部分属于危房，住宿条件差，从而难以留住人才。

（四）人口较少民族聚居地区在特色产业发展方面存在诸多不足

发展特色产业是增强我国人口较少民族聚居地区发展动力和增加群众收入的关键所在，但是课题组调查发现，当前人口较少民族聚居地区在发展特色产业方面存在着诸多不足。以贡山县独龙江乡为例，虽然自 2010 年以来取得了较大的成绩，在林地、荒山坡地累计种植草果 33000 亩、花椒 8700 亩、核桃 5000 亩、董棕 650 亩、重楼 100 亩，推广中蜂养殖 9000 箱，投放独龙牛 200 头。但是，当地的这些特色产业仍然还处于培育发展阶段，只是形成了种养规模，尚未形成深加工与销售的延伸产业链，而且产业发展中的经济附加值少，科技含量低，管理粗放问题也比较突出，其推动独龙族群众增收的效果还不是很明显。在兰坪县，虽然当地的扶持人口较少民族工作取得了一些成效，但在特色产业发展方面却面临着农户科技水平差、自身投入能力偏低、支持产业发展的基础设施薄弱、上级扶持的产业发展资金不足等一系列问题。

与此同时，人口较少民族聚居地区相关部门对特色产业发展资金的补助方式太过单一，往往忽视了配套建设资金的投入，比如种植业发展往往只提供种苗补助资金而在一定程度上忽视了围栏、灌溉沟渠等配套设施建设资金的投入。此外，在发展特色产业项目过程中，地方政府往往过于强调产业的规模而忽视了项目农户覆盖面的问题，比如在贡山县和兰坪县种植三七、重楼等一些高附加值、高投入的项目，当地的一般农户是难以经营下去的，即使规模上去了也只是一些有能力经营的种植大户从中受益，而一般农户由于人力、财力、科技水平等原因无法参与到项目建设中来，造成了产业规模上去了而农户覆盖面上不去的后果，使得扶持人口较少民族政策的实际效果打了折扣。

（五）一些比人口较少民族聚居村更为贫困落后的少数民族村寨未能享受到相应的专项扶持政策

《扶持人口较少民族发展规划（2011—2015 年）》将扶持政策的适用范围确定为 2119 个人口较少民族聚居的行政村，这样做的好处是可以防止扶贫开发资源一定程度上的外溢，充分发挥扶贫开发资源效益，快速降低贫困的发生率，在短期内从根本上解决人口较少民族社会发展面临的关键性问题。[①] 但是，时至今日，这种对扶持政策的适用范围的界定在实施过程中还是逐渐暴露出一些问题来。

兰坪县是一个有 14 个少数民族的多民族自治县，近年来的扶持人口较少民族工作虽然取得了一些进展，但是离真正解决当地贫困少数民族的自身发展问题还有着很远的距离。目前，扶持人口较少民族政策实际只覆盖了兰坪县 24 个人口较少民族聚居村的 3 万多人口，当地尚有一些傈僳族村、白族拉玛人村和彝族村处在绝对贫困之中，这些村寨的贫困程度和贫困面都超过人口较少民族聚居村。但受扶持人口较少民族政策相关规定的影响，这些村暂时无法享受到少数民族专项扶持政策所带来的好处。

环江县也存在类似的情况。作为一个少数民族人口占大多数的国家扶贫开发重点县，环江县现有贫困村 85 个，其中毛南族聚居村

---

① 李晓斌、杨晓兰：《扶持人口较少民族政策实践的效果及存在的问题——以云南德昂族为例》，载《中南民族大学学报》（人文社会科学版），2010（6），15 页。

38 个（全县共有 72 个毛南族聚居村），这些村位于大山深处，山高坡陡，属于石山或石漠化地区；存在山体滑坡、地质塌陷、地面断裂等地质灾害隐患，虽然目前已经修通了村级公路，但是大多为简易的泥沙路面，路窄、坡大和弯急是其主要特点，晴天能通车，雨天则无法保障通行。但是，85 个贫困村中只有其中的 38 个毛南族聚居村能够享受到少数民族专项扶持政策所带来的好处。与此同时，不属于贫困村的 34 个毛南族聚居村能享受到少数民族专项扶持政策，而不属于毛南族聚居村的 47 个贫困村却不能享受到相应的专项扶持政策，贫困程度相近的不同民族间扶持政策差异过大，难免会给当地的民族关系带来一定的负面影响。

三、对策建议

（一）加大人口较少民族群众对扶持工作的参与力度

在现实生活中，很多人口较少民族聚居地区的群众处于一种被动地配合与接受专项扶持项目的境地，其主动参与的力度比较低，而对于这些项目将给他们的生产生活带来什么样的影响也知之甚少，感觉就像一个局外人。鉴于此，建议各级政府相关部门的工作人员要转变工作方式，在扶持人口较少民族专项项目的决策、设计、实施和验收的过程中让当地群众充分参与并发表相关意见和建议，对于那些合理化建议要尽量采纳。唯有如此，才能真正地让扶持人口较少民族政策符合当地的实际情况，从而达到最大的惠民效果。

（二）特色产业发展要作为扶持工作的重点

建议今后在人口较少民族聚居地区特色产业发展工作中要突出大户规模经营和小户庭院经营的理念，大户规模经营针对那些投入能力强和管理水平高的专业种植大户，小户庭院经营则针对那些劳动力紧张、投入能力小和经营水平不高的农户，使他们只要拿出自家的菜园子地就能公平地参与项目建设，从而有效解决产业规模和农户覆盖面之间存在的矛盾。

与此同时，在加大人口较少民族聚居地区特色产业发展资金投入的同时也应加强当地特色产业发展建设方面的规划布局工作，要突出重点和明确方向。具体来说，就是要根据功能区划设置不同的重点产业培植区，比如中药材种植重点产业培植区、养殖业重点产业培植区、粮食蔬菜重点产业培植区、民俗旅游业重点产业培植区和民族工艺加工重点产业培植区等。产业发展是一个涉及自然环境、基础设施、原材料、市场营销、物流配送和企业经营等方面的巨大链条，对于特色产业发展建设来说，上述环节缺一不可。因此，建议各级政府的相关部门在强调布局和资金投入的同时也应加强相关平台的搭建工作。

（三）在少数民族扶持政策方面做到因族扶持和因贫扶持并重

当前的扶持人口较少民族政策是一种典型的因族扶持，但目前我国许多少数民族村寨的贫困程度并不亚于人口较少民族聚居村，它们却因为不是人口较少民族聚居村而被排除在少数民族专项扶持政策之外，这无疑是不公平的。基于此，建议各级政府的相关部门对各地区、各民族的发展水平、贫困程度开展系统而严谨的调研工作，使我国的民族扶持工作不仅针对特定的民族，也针对特定的贫困少数民族地区，在民族扶持方面做到因族扶持和因贫扶持并重，使更多的贫困少数民族村寨能够享受到国家的民族政策所带来的好处。

（四）加强人口较少民族聚居地区专业技术人才队伍的建设

我国扶持人口较少民族政策的目的不仅是改善人口较少民族聚居

地区广大群众的生产生活条件，更重要的还是要帮助他们开发人力资源，提升其自我发展的能力，也就是“授人以鱼不如授人以渔”。

基于此，加强人口较少民族聚居地区专业技术人才队伍的建设就显得迫在眉睫了，其中教育和医疗卫生专业技术人才队伍的建设又是重中之重，因为它们无论是对于开发人口较少民族聚居地区的人力资源，还是对于提升人口较少民族的自我发展能力，都显得至关重要。所以，在今后的扶持人口较少民族工作中，要加大对人口较少民族聚居地区专业技术人才队伍建设的资金投入力度，要做到能吸引人才、留得住人才。

（五）对特别贫困或人口较少民族人口分布广泛的人口较少民族聚居地区采取整乡（镇）乃至整县推进的方式进行扶持

与其他少数民族一样，我国人口较少民族的分布特点是大杂居、小聚居。当前，我国对于人口较少民族采取的是整村推进的方式进行扶持，其实这一模式是与国家实行的整村推进的扶贫开发政策相衔接的。如前所述，罗城县仫佬族聚居村委会57个，其人口占全县乡村人口的77.7%；贡山县人口较少民族聚居村委会15个，其人口占全县乡村人口的50%以上；24个人口较少民族聚居村委会的人口占兰坪县乡村人口的12%；环江县72个毛南族聚居村委会的人口占全县乡村人口的85%。除了兰坪县以外，其他3个县的人口较少民族聚居村委会的人口均占到了全县乡村人口的一大半。

在贡山县，对独龙族的扶持是采取整乡推进的方式，人、钱、物的投入力度是整村推进方式所无法比拟的，其资金统筹的层次更高，管理更为严格，当然其效果也就更为明显。不过，对独龙族的扶持仅仅只是一个特殊的个案而已，我国对人口较少民族的扶持在大多数情况下采用的还是整村推进方式。对于贡山县、环江县和罗城县来说，鉴于其人口较少民族聚居村委会的人口众多，分布广泛，可以考虑采取整县推进的方式来进行扶持，至少可以采取整乡（镇）推进的方式。比如，在环江县的下南乡，毛南族占了全乡人口的98%；在贡山县的丙中洛镇，人口较少民族占全镇总人口的63%，在这种情况下，完全可以在下南乡和丙中洛镇采取整乡（镇）推进的方式开展扶持人口较少民族的工作。既然人口较少民族人口占20%的村委会就可以纳入整村推进的扶持范围，那么人口较少民族人口占50%以上的乡镇从道理上来说是可以采取整乡（镇）推进的方式开展扶持工作的。

我国扶持人口较少民族政策实施效果调查

——以云南省贡山县独龙江乡为例*

一、独龙江乡概况

我国的人口较少民族是指人口总数在 30 万以下的 28 个少数民族，这些民族大多居住在边远地区。国务院审议通过的《扶持人口较少民族发展规划（2011—2015 年）》（以下简称《规划》）提出要深入贯彻落实科学发展观，坚持各民族共同团结奋斗、共同繁荣发展的主题，以转变发展方式、增强自我发展能力为主线，促进人口较少民族聚居地区经济社会的跨越式发展和长治久安。总的来看，人口较少民族聚居地区是我国经济社会发展水平比较落后的地区，贫困问题和民生问题比我国其他地区要严重得多。

独龙族是我国人口较少民族之一，总人口只有 5000 多人，主要聚居在云南省贡山县的独龙江乡。独龙江乡地处横断山脉的高山峡谷地带，西与缅甸接壤，北与西藏自治区毗邻，辖区面积 1997 平方公里，是贡山县面积最大的一个乡，占全县总面积的 44.25%。这里山高水

* 基金项目：2013 年度国家社科基金项目“人口较少民族聚居地区城乡一体化社会救助体系建设研究”（项目编号：13XMZ063，项目负责人：刘苏荣）的阶段性研究成果。

深，沟壑纵横，形成封闭式的地理环境。境内两山夹一江，即东有高黎贡山，西有担当力卡山，独龙江纵贯两山之间，最高海拔 4969 米，最低海拔 1200 米，形成典型的立体气候和小区域气候。独龙江乡的年降水量为 2932～4000 毫米，为全国之最，森林覆盖率高达 93%，动植物保存完好，仅种子植物就有 200 多种、哺乳动物 106 种，属于国家重点保护的珍惜濒危动植物就有 30 种，被誉为野生动植物的基因库，也是高黎贡山国家级自然保护区和“三江并流”世界自然遗产的核心区。由于特殊的地理环境气候，独龙江乡内降雨非常多，自然灾害频发，人员进出、物资运输严重受阻。降雨导致自然灾害频发，致使乡内泥石流和道路塌方频繁发生，严重影响到当地群众的生产生活。

独龙江乡是我国独龙族唯一的聚居地，全乡下辖马库、巴坡、献九当、迪政当、龙元和孔当 6 个村委会 41 个村民小组。截至 2012 年年底，全乡共有 1232 户人家，总人口 4350 人，独龙族人口占总人口的 99%，人口密度仅为 2.18 人/平方公里。全乡有耕地面积 2539 亩，人均仅有 0.58 亩。

二、独龙江帮扶工作的实施现状及效果

2010 年 1 月，云南省委、省政府召开专题会议，研究部署了独龙江乡整乡推进独龙族整族帮扶工作，计划从 2010 年开始，共投入 8.6 亿元，分年度实施安居温饱、基础设施、产业发展、社会事业发展、素质提高、生态环境保护与建设六项工程建设，采取中央支持、省级有关部门和上海对口帮扶、部队、企业参与等方式，共同推进独龙江乡整乡推进整族帮扶工作。通过 3～5 年的努力，基本稳定解决独龙族群众温饱，实现独龙江乡和独龙族经济社会的跨越式发展。此后，贡山县成立了以县委书记为组长的领导小组，全面负责独龙江乡整乡推进独龙族整族帮扶综合发展工作的组织、协调、实施和

验收工作。截至2013年12月，独龙江乡整乡推进独龙族整族帮扶工作取得了很大的进展。

（一）“三年行动计划”六大工程完成情况

基础设施工程方面，除了独龙江公路隧道、民族文化旅游特色村和独龙牛养殖项目以外，其余工程已经全线完工。在建的独龙江公路隧道累计掘进6644米，占全长6680米的99.46%；产业发展工程方面，5个旅游特色村建设中的普卡旺和迪政当2个村全面建设完成，龙元和钦兰当2个民族文化旅游特色村即将建设完成，巴坡民族文化旅游特色村于2014年4月开工建设；独龙牛养殖完成投放371头。

（二）《2013—2014年独龙江乡整乡推进独龙族整族帮扶实施方案》推进情况

截至2013年12月底，后两年帮扶资金到位8195.98万元，其中安居温饱附属工程830万元，基础设施配套工程3865万元，特色小镇改造工程3240万元，社会事业完善工程110万元，产业发展巩固工程50万元，素质提高提升强化工程100.98万元。工程具体推进情况为：

安居温饱工程方面，规划建设1000户农户厨房（伙房），县级自筹完成投资530万元，建设完成了木兰当、孔当、龙元和独务当4个安置点136户的农户厨房（伙房），迪政当、献九当、巴坡、王美、肯迪和孔嘎6个项目点286户的农户厨房（伙房）已经开工建设，并完成工程量的60%以上。

基础设施配套工程方面，马库至钦兰当公路完成挡墙、挖方、涵洞的建设工作；6项水利工程，完成白来山洪沟治理工程1项，龙元山洪沟治理工程在建，其余4项计划在2014年开工；电力项目，麻必当电站改建工程已经完成了基础开挖、场地平整和引水渠开挖工程。5个行政村通村程控通信光缆工程正在施工。

独龙江特色小镇改造工程方面，完成环境治理1800平方米，绿化种植20500株，小集镇范围内集中种植6000多株各类植物。建筑物风貌外观改造工程完成19幢，占总建筑外观改造幢数的47.5%，民族广场完成石板铺设，纪念碑及周围杂草树木完成清理，文面女中心广场完成砂石土换填及碾压，“独龙江”崖刻艺术完成基础座的浇灌，钢结构部分已经焊接。

社会事业完善工程方面，独龙族博物馆文物征集和布展资金已经落实110万元，正在开展布展方案设计。交警独龙江中队业务用房完成三楼屋顶浇筑。

（三）独龙江乡整乡推进独龙族整族帮扶工作所取得的实际效果

总的来看，独龙江乡整乡推进独龙族整族帮扶工作已经取得了重大进展：一是初步实现了安居住房的新跨越。91%的独龙族群众入住了新居，并第一次实现了人畜分居，有了水电设施齐全的安居房。二是初步实现了基础设施建设的新跨越。首次实现村村通柏油路，有了纵贯南北的电网和通信网络、有了金融服务网点。三是初步实现产业发展的新跨越。独龙江第一次有了设施齐全的旅游接待村，并从当地的旅游收入中分红；首次产出大棚蔬菜。四是初步实现民生事业的新跨越。教育设施全面改善，培养出第一个硕士研究生，独龙江历史上有了首个敬老院。五是初步实现独龙族群众思想观念的新跨越。培训了独龙江历史上首批乡土旅游人才、农业科技人才、建筑施工人才和车辆驾驶员，独龙族群众就业渠道和致富门路多样化，商品经济意识正在不断加强。六是初步实现生态环境保护与建设的新跨越，实施天然林保护工程，推广节柴灶，建设沼气池，森林覆盖率和生态环境保护初步实现了新跨越。

三、独龙江帮扶工作存在的主要问题

自2010年独龙江乡整乡推进独龙族整族帮扶工作启动以来，通过实施六大工程，集中人力、物力、财力，全力帮扶独龙族群众整族脱贫、整乡推进，其成效是显著的：平整柏油路取代了颠簸的土石路；宽敞明亮的砖混结构房取代了低矮阴暗的茅草房；平稳的钢索吊桥取代了令人胆战心惊的溜索。但是，课题组也发现扶持独龙族的工作仍然存在一些不容忽视的问题。

（一）独龙族群众在人均收入方面仍然处于极低的水平

独龙族群众主要从事山地农耕种植业，耕地主要以旱地为主，长期采用传统的轮歇方式使用土地，主要种植玉米和土豆。独龙江乡的耕地有以下特点：一是零星分散，陡坡地多。大部分耕地零星地分布在大于25度的山坡上，坡度大，耕层薄，耕地耕作层小于16厘米的占耕地的一半。耕作层浅薄对农作物根系生长不利，难以保证农作物对养分的需求和抗倒伏能力。二是耕地石块和砾石多，影响农作物生长发育和农业科技的运用，更兼山地灾害频繁，水土流失日趋加剧，耕地肥力逐渐降低。三是用地养地矛盾突出，只用不养形成地力和肥力的恶性循环。生命力旺盛的野生植物把地里粮食作物压得不能抬头，农作物产量低，有时甚至颗粒无收。[①] 由于耕作技术落后，农业生产资金投入不足，加之可利用耕地少，坡度大，土壤贫瘠，很多时候，当地的农耕种植业连最基本温饱问题都解决不了。近十年来，独龙江乡的农村经济总收入和农民人均纯收入呈现逐年增长的态势（见表1）。但是，如果横向比较的话，我们会发

① 徐乾坤、李永勤、马斐玉：《浅析加快怒江州贡山县独龙江乡独龙族经济的发展》，载《云南农业大学学报》（社会科学版），2009（2），40页。

现，独龙族群众的人均纯收入的水平是非常之低的。(见表2)

表1　独龙江乡农村经济总收入与农民人均纯收入统计表（2002—2012年）

	2002年	2005年	2008年	2011年	2012年
农村经济总收入（万元）	308	285	431	638	847
农民人均纯收入（元）	531	596	805	1255	1610

资料来源：独龙江乡农业统计报表。

表2　2012年农民人均纯收入比较表

	农民人均纯收入（元）
全国	7917
云南省	5417
贡山县	2209
独龙江乡	1610

资料来源：全国和云南省数据来源于国家统计局和云南省统计局网站，贡山县和独龙江乡数据是课题组到贡山县实地调研数据。

当前的独龙江乡产业结构比较单一，大部分独龙族群众的增收渠道还非常少，自我发展能力依然很弱。多数独龙族群众吃粮基本靠退耕还林补助，花钱基本靠农村最低生活保障的补助，显然这不是长久之计，下一步独龙江帮扶工作的重点应当是如何提高独龙族群众的收入水平这一现实问题。

（二）扶持资金过多地集中于基础设施建设工程

截至2013年12月，独龙江帮扶六大工程总计到位资金100395.73万元，其中安居温饱工程16024.13万元、基础设施工程77250万元、产业发展工程3922万元、社会事业发展工程2349万元、素质提高工程 413 万元、生态环境保护与建设工程 437.6 万元。仅基础设施这一项工程的到位资金就占了资金总数的 76.95%，所占比重过大，但基础设施工程只能对独龙江乡贫困问题的解决产生间接影响力。与此同时，能对独龙江乡贫困问题的解决产生直接影响力的社会事业发展工程与素质提高工程的资金却相对偏少，两项工程的到位资金加起来仅占总资金的 2.75%，所占比重太小。

（三）独龙族群众的自我发展能力依然很弱

随着独龙江乡交通状况的日益改善和人口流动性的增强，独龙族群众将不得不面对外来人员所带来的激烈竞争。目前，贡山县城到独龙江乡的客货运输基本上由外地人来运作，乡里的各种商业（包括村子里的小卖部）大多数由外地人来经营，真正的本地独龙族群众很少能参与竞争。“当一个民族不能自我发展而不得不经常性地依靠外来的扶持而生存的时候，它有可能不仅在经济上处于弱势的地位，而且在心理上也缺乏足够的自信去面对各种竞争，从而有可能影响其对于自身文化的信心。”① 笔者在独龙江调研时的感受之一就是，很多时候，独龙族群众更像是独龙江帮扶工作的“旁观者”而非“参与者”，这显然违背了独龙江帮扶工作的初衷。

（四）对地方特色产业的开发力度不够

独龙江流域优生植被多，拥有丰富的草场资源，很适合大力发展畜牧业。独龙江乡的草场理论载畜量达 19860 个黄牛单位，且具有较好的连片草场，如龙佐、肯顶牧场，莫切旺、学哇当牧场，斯拉洛牧场，托乌当牧场，梅立王牧场，郎王夺牧场，迪郎当牧场，

---

① 黄建生等：《社会评估与民族地区发展：〈云南省扶持人口较少民族发展规划（2006—2010 年）〉实施过程的社会评估》，99 页，北京，人民出版社，2013。

发展潜力非常大，但目前实际载畜量却仅有1882个黄牛单位。① 虽然拥有优质的草场资源，但是独龙江乡当地的畜牧业却长期处于粗放发展的低层次状态。由于农户缺乏基本的畜牧知识和饲养技能，加上缺少资金和不懂科学管理，基本上没有进行品种改良和疫病防治，导致畜牧业粗放发展，经济效益比较低下。

四、对策建议

（一）大力扶持独龙江乡发展地方特色产业

今后，应高度重视独龙江乡的地方特色产业发展问题，积极帮助独龙族群众开拓增收渠道，这样才能彻底地解决他们的贫困问题，从而使独龙江帮扶工作达到较为理想的效果。比如，独龙江乡有一种当地特有的养殖业品种——独龙牛，独龙牛是半野生半家养的珍贵肉用牲畜，经济价值很高，在独龙江乡养殖独龙牛的人工成本却非常低，因此具有广阔的发展前景。与此同时，当地大量的高山牧场却未得到有效利用，独龙江乡现有草场8.9万公顷，其中林间草场1220公顷、疏林草场987公顷、灌木草场4.76万公顷、山地草场3.9万公顷、其他类草场287公顷。这些牧场由于海拔高、气候寒冷、饲草品种少，养殖其他家畜受到严重的限制，而独龙牛的生物学特点又刚好适宜高山牧场的这些特点。② 因此，今后应该充分利用当地的优质草场资源，政府大力扶持独龙牛养殖，做大做强独龙牛产业。

---

① 余连华：《贡山独龙牛饲养现状与发展潜力》，载《云南畜牧兽医》，2013（4），20页。

② 余连华：《贡山独龙牛饲养现状与发展潜力》，载《云南畜牧兽医》，2013（4），21页。

虽然目前独龙江乡旅游开发建设总体规划和5个民族文化旅游特色村的建设规划已编制完成，独龙江公路沿线5个观景台也已完成建设，但是，决定一个地方能否成为旅游目的地的关键不仅在于“硬件”，更在于“软件”。因此，当下的关键在于如何培育和宣传独龙江乡的旅游形象，让它对旅游者形成强大的吸引力，这就需要充分挖掘独龙族的文化内涵。

（二）切实提升独龙族群众的自我发展能力

独龙江帮扶六大工程中的社会事业发展工程涉及教育、医疗卫生、社会保障等方面，素质提高工程主要涉及技能培训方面，这两大工程的实施能直接提升独龙族群众的自我发展能力。鉴于此，课题组建议在此后的独龙江乡整乡推进独龙族整族帮扶工作中，要加大对社会事业发展工程和素质提高工程的资金支持力度，而不是只重视基础设施建设。

同时，当地政府还要鼓励和支持当地独龙族群众积极参与到帮扶工作中来，努力培养其主人翁意识。提升独龙族群众自我发展能力的关键因素无疑是教育，根据2010年的人口普查统计数据，当地独龙族群众平均受教育年限仅为5.2年，文盲率高达33.07%；年龄在50岁以上的老人，基本不识字，大部分群众听不懂汉话，很多独龙族群众连对外出打工这种事情都不能接受。由于受教育程度低，大多数劳动者缺乏科学技术和致富技能，虽然他们也想要改变目前贫困落后的状态，但是对怎样改变显得很无奈。归根结底，独龙江乡的经济社会发展水平之所以远远落后于其他地区，最根本的因素还是“人的因素”，即独龙族的整体科学文化素质的低下。[①] 因此，当地政府要把独龙江乡的教育事业作为帮扶工作的重中之重，致力

---

① 杨云红：《独龙族经济社会发展问题初探》，载《中共云南省委党校学报》，2011（6），35～36页。

于提高独龙族人口的科学文化素质以适应现代社会发展的要求，从而大幅度提升独龙族的自我能力。

（三）加大推进贡山县城镇化的力度

由于独龙江两岸山高、坡陡、谷深，加之独龙江乡境内的自然保护区面积有1720平方公里，占了全乡辖区面积的86%，致使当地群众发展农牧业的空间非常有限，交通不便利，使独龙江乡发展旅游业的空间也受到一定程度的影响。因此，要彻底改变独龙族群众贫穷落后的现状，加快推进贡山县的城镇化无疑是一个较好的现实选择，而且从相关统计数据来看，贡山县的城镇化水平非常低，有着极大的提升空间（见表3）。

表3　2012年城镇化率比较表

	城镇化率（%）
全国	52.6
云南省	39.3
贡山县	18.7

资料来源：全国和云南省数据来源于国家统计局和云南省统计局网站，贡山县数据是课题组到贡山县实地调研而获得的。

基于上述情况，笔者建议，今后扶持独龙族的工作应该突破独龙江乡范围，鼓励和支持独龙族群众从独龙江两岸迁移到贡山县城里居住，并转为城镇户口，更多地从事第二、三产业，这是帮助独龙族群众彻底摆脱贫困，并与其他各族群众一起共建小康社会的根本途径。

（原载于《人民论坛》2015年第21期）

人口较少民族聚居地区教育扶持的基本策略

——基于对我国几个人口较少民族自治县的调查

我国的人口较少民族是指本民族总人口在30万以下的28个少数民族，他们大多聚居在经济发展水平相对比较落后的边远地区，当地的贫困问题比较突出。导致我国人口较少民族聚居地区贫穷落后的原因有很多，但最根本的原因在于当地教育事业的极端落后。总的来看，当前人口较少民族聚居地区的教育质量比较低下，当地群众的受教育年限短，整体的科学文化素质还比较低，这严重制约了他们的自我发展能力。

党的十八大报告提出必须坚持维护社会公平正义的原则，要大力促进教育公平，合理配置教育资源，重点向农村、边远、贫困和民族地区倾斜。由国务院在2011年审议通过的《扶持人口较少民族发展规划（2011—2015年）》（以下简称《规划》）指出：人口较少民族聚居地区目前存在着学前教育普及率较低，义务教育学校标准化率低，寄宿制学校规模小，职业教育薄弱，双语教育发展滞后等现状。《规划》明确提出要对人口较少民族聚居地区实施专项的教育扶持政策，要优先发展当地的教育事业。我国目前共有16个人口较少民族自治县，为了对人口较少民族聚居地区教育事业发展面临的现实问题有一个较为直观的了解，课题组到我国的3个人口较少民族自治县进行了调研，它们分别是云南的贡山独龙族怒族自治县、兰坪白族普米族自治县和广西的环江毛南族自治县，涉及独龙族、怒族、普米族和毛南族这4个人口较少民族。

一、当前人口较少民族聚居地区教育事业的主要问题

（一）学校教育没有充分体现当地的民族特色

课题组在环江县调查时发现，当地只开展针对壮族学生的壮语与普通话的双语教学，即便是在毛南族最为集中的下南乡，当地的中小学也没有开展普通话与毛南语的双语教学，学生只有在课外交流时才使用毛南语，毛南族传统文化在校园里很难找到传播的空间。在兰坪县和贡山县，也同样没有开展普米语、独龙语、怒语与普通话的双语教学工作。实际上，这3个人口较少民族自治县均是照搬内地发展教育的一般模式，而没有充分考虑当地人口较少民族学生的实际需求，从而无法体现当地教育事业的特色。

在与当地教育管理部门的工作人员交流时，课题组成员得知，这3个县均没有开展针对人口较少民族学生的双语教学，其理由不外乎两个：第一，当地人口较少民族的人口数量太少，住得又比较分散，开展人口较少民族双语教学的成本太高；第二，独龙族、怒族、普米族和毛南族均是只有本民族语言，没有本民族文字，不太具备开展双语教学的条件。

（二）教学基础设施不完善

以兰坪县为例，当地的教学基础设施主要存在以下几个方面的问题：

第一，中小学危房面积大，安全隐患突出。2014年9月，根据大理白族自治州建筑工程司法鉴定中心出具的鉴定结果报告，兰坪县中小学现有危房371栋，危房总面积为15.51万平方米（其中D级危房249栋，建筑面积5.21万平方米；C级危房122栋，建筑面

积 10.3 万平方米)，危房率为 44.3%。

第二，学校标准化程度低。目前，全县 80% 以上的中小学校体育场地面积不足，大部分中小学无实验室、阅览室和音体美课程专用教室等功能教室，大部分二类完小及校点“六配套”不达标，全县 80% 以上中小学校没有功能教室，设备使用率低，目前全县所有的农村二类完小及教学点均没有计算机教室及多媒体设备。

第三，教育欠账较大，资金落实困难。自 2009 年实施“校安工程”以来，兰坪县的中小学基础设施建设项目县级配套资金的缺口高达 2.24 亿元，导致项目的推进异常艰难。2014 年，兰坪县地方公共财政预算收入为 4.25 亿元，而在教育事业方面的地方财政支出就高达 3.06 亿元，占了地方财政收入的 72%，除去教师工资、教育经费等支出，地方财政在教育基础设施建设上的投入仅为 150075 元，远远无法满足全县教育基础设施建设的资金需求。

(三) 师资队伍建设严重滞后

在环江县，全县的师资队伍结构很不合理，主要表现为：

第一，边远山区学校的教师严重缺乏。环江县的驯乐乡、龙岩乡、长美乡、明伦乡和下南乡（环江县毛南族的主要聚居地区）等地处边远山区，办学条件差，教师住房紧缺，大部分中心小学、村小学和校点的教师还住在 20 世纪五六十年代修建的瓦房里，因此造成教师不愿到这些学校任教，任课教师长期缺乏，现有的在职教师也不安心工作。

第二，师资队伍结构老化比较严重。由于环江县师资队伍长期严重超编，2003 年以来的十余年间，当地教育系统都未能补充新生力量，导致师资队伍年龄老化较为严重。

第三，义务教育阶段学校教师编比偏小。按照有关文件规定，目前环江县的教师编比例，城镇初中为 1∶16、小学为 1∶21，农村初中为 1∶18、小学为 1∶23。由于环江县是一个山区县，受交通和地域等方面的限制，学校分布比较分散，有些学校学生数量虽然达不到要求，但也无法撤点并校。因此，环江县教师队伍表面上超编，但在实际教学工作中是严重缺编，不少农村学校的教师一人需要承担多门学科的教学工作。

第四，学前教育师资紧缺。环江县在“学前教育三年行动计划”中新建了一批乡镇中心幼儿园，急需学前教师500多人，但因为被编制所限，目前无法解决这一问题。

在兰坪县，当地也面临着中小学师资队伍呈现总体超编和结构性缺编的矛盾：

首先，专任教师编制不足。2014年，全县共有在编教职工2613人，其中专任教师2556人。由于受客观因素制约，目前全县中小学还在使用临聘教师170人，大部分农村学校没有音体美课程的专任教师。

其次，后勤人员配备不到位。为确保将国家“两免一补”及“营养改善计划”等惠民政策落到实处，各中小学寄宿制学校需按比例配备校园安保、校医、生活指导教师、食堂工作人员等后勤保障人员，但由于各类学校后勤保障人员配备不足，全县农村学校的教师除担任正常的教学工作外，还承担着学校相关的后勤管理工作，工作负担较重，严重影响了农村寄宿制学校教学质量的提高。

（四）学前教育和高中教育的发展水平比较低下

在贡山县，截至2014年年底，全县共有在校学生5113人，其中幼儿园259人，小学2999人，初中1555人，高中300人，全县仅有1所高中和1所幼儿园。很明显，学前教育和高中教育已经成为贡山县教育事业的最大短板。即便包括外流到外地读高中的学生，贡山县每年毕业的初中生只有大概三分之一的人能进入高中阶段继续学习，加上独龙族和怒族学生在学业水平上与其他民族学生相比并无任何优势，相反还处于劣势，因此独龙族和怒族学生进入高中

（中专）及以上学校继续学习的机会比较少，一般都是在完成九年义务教育后他们便回家务农，或者外出打工。贡山县历年高考的本科上线率（包括三本在内）一直在低水平徘徊，近5年的本科上线率从来都没有超过25%（见表1）。

表1　贡山县近五年高考情况统计表

年份	参考人数	一本上线（人）	二本上线（人）	三本上线（人）	本科上线率（%）	一专上线（人）	二专上线（人）	总上线率（%）
2010	66		2	5	10.6	3	6	24.2
2011	77	2	5	6	16.9	5	33	66.2
2012	82	2	14	3	23.2	5	10	41.5
2013	95		9	10	20.0	5	65	93.7
2014	105	1	10	10	20.0	7	39	82.9

资料来源：本表所有数据均为课题组调研所获。

在环江县，现有公办幼儿园5所、民办幼儿园62所，只有60%的学龄前儿童能完整地接受幼儿园教育，而且民办幼儿园的教育质量参差不齐，很难确保学前教育阶段的儿童受到良好的教育。环江县目前只有环江高中、环江二中2所公办普通高中，其中的环江二中的高中在校生极少，年招生数仅为50人左右。环江高中是环江县高中教育的主要力量，年招生数量仅为900人左右。而环江县每年的初中毕业生有4000多人，高中阶段的发展现状远远不能满足初中毕业生升学的需求，致使相当一部分初中毕业生升学无门、求学受阻。

二、对策建议

（一）把教育扶持上升到实现人口较少民族传统文化的保护与传承的高度

客观地说，由于在人口上的明显劣势，人口较少民族是我国在文化发展上最脆弱的民族群体。当今社会，极其脆弱的人口较少民族传统文化正在面临着日益严峻的生存危机。人口较少民族的发展并非只是简单的经济发展，更重要的是要实现传统文化的保护与传承。如果在发展过程中不懂得民族传统文化的价值，认为它是现代化发展的障碍，就会最终导致一个民族或族群的消失。人口较少民族经济社会的发展不能代替其传统文化的发展，如果人口较少民族的发展要以丧失本民族传统文化为代价，那么即便是他们的生产生活条件有了质的飞跃，其幸福感也很难得到提高。①

因此，人口较少民族聚居地区的教育扶持工作应该具有鲜明的民族特色，它的意义不仅在于提升当地群众的科学文化素质，也在于为人口较少民族传统文化的保护与传承培养合格的接班人。基于此，应该把教育扶持上升到实现人口较少民族传统文化的保护与传承的高度，充分体现民族特色。人口较少民族聚居地区的教育扶持应当紧密联系人口较少民族传统文化的保护与传承问题，要大力推进民族传统文化课程的开设、双语教学的开展和民族传统文化传承人的培养等方面的工作，充分发挥教育的文化传承与保护功能。

---

① 袁春艳：《人口较少民族生存、文化与教育：基于云南省莽人的人类学考察》，227页，北京，中国社会科学出版社，2013。

（二）把教育扶持列为扶持人口较少民族工作的重点

教育水平低、人口素质低是制约人口较少民族自身发展的重要因素。因此，在建设全面小康社会的关键时期，加快人口较少民族教育事业的发展就显得更为急迫和紧要。[①] 但是，当前很多地方政府把人口较少民族聚居地区的教育扶持定位于是一项为推动地方经济发展服务的工作，在所有的人口较少民族扶持工作中处于一个从属的地位，导致教育扶持往往难以达到预期的效果。

在贡山县和兰坪县，当地扶持人口较少民族工作是依据云南省怒江傈僳族自治州编制的《怒江州扶持人口较少民族发展规划（2011—2015 年）》来具体开展的（贡山县和兰坪县均隶属于怒江傈僳族自治州），一共涉及六大工程 56 个项目，其中，基础设施建设工程投入 41330 万元，特色产业培植工程投入 94659 万元，民生保障工程投入 22146 万元。教育被包含在民生保障工程里，共涉及学前教育建设、中小学建设、寄宿制学生补助和开办本科及大中专班 4 个项目，总投入还不到 3000 万元。根据《环江毛南族自治县扶持人口较少民族发展"十二五"规划》，在"十二五"期间，环江县要建设 8 项扶持毛南族的重大工程，计划总投资 439930 万元，其中仅道路交通建设工程就要花费掉总资金的 62.4%。而在社会事业工程里，其中的教育项目计划总投资 27040 万元，以农村中小学为对象，主要解决学生宿舍、食堂、活动场地紧缺等问题，仅占总的扶持资金的 6.1%。

由此可见，教育扶持工作这 3 个人口较少民族自治县均没有被列为扶持人口较少民族工作的重点，而是处于一种从属的地位，这就可以解释为什么随着 2005 年以来扶持人口较少民族政策的逐步实

① 朱玉福、周成平：《人口较少民族教育事业发展研究》，载《民族教育研究》，2010（4），110 页。

施，贡山县、兰坪县和环江县的教育事业却依然处于一个比较低的水平。人口较少民族聚居地区经济社会的跨越式发展不能一味地依靠外力的扶持来实现，最终要依靠增强人口较少民族的自我发展能力来实现，而教育扶持恰恰是帮助人口较少民族增强自我发展能力的关键，它通过保护人口较少民族的受教育权来确保他们的发展权。因此，必须把教育扶持列为扶持人口较少民族工作的重点，加大对当地教育基础设施的资金投入力度，努力提高义务教育学校的标准化率。

（三）把师资队伍建设当作是教育扶持工作的重中之重

人口较少民族聚居地区的教育事业之所以落后，原因多种多样，但是最根本的原因就是缺乏高水平的师资队伍，而这也是以往人口较少民族聚居地区的教育扶持工作容易忽视的地方。当前，很多地方的人口较少民族教育扶持工作出现了对教学硬件设施建设比较重视，但对于教学软件设施建设，尤其是师资队伍建设不太重视的偏差，从而导致当地很难引进高素质的新教师，同时本地高水平教师外流的现象也非常严重。课题组在贡山县调查时发现，当地一直以来都未能引进到免费师范生，更无法引进优秀的教师人才，近几年新引进的教师基本属于二本及以下院校的毕业生，部分新引进教师还是非师范专业的毕业生；与此同时，贡山县每年都有大量经验成熟的教师想尽一切办法外调出去，贡山县在一定意义上成为外地学校的教师培训基地，导致本地的师资队伍长期处于极其不稳定的状态，整体素质明显偏低。

基于此，必须改变人口较少民族聚居地区的教育扶持工作重视“物”而不重视“人”的指导思想，要下大力气加强当地的师资队伍建设，通过实施一系列专项优惠政策，大力提高人口较少民族聚居地区的教师，尤其是乡村教师的待遇水平，以吸引人才、留住人才，同时大力开展具有针对性、系统性和实效性的师资培训，打造具有较高业务水平的既适应现代教育发展趋势，又具有地方民族特色的师资队伍。

给予一些特殊的教育倾斜政策。鉴于当地教育事业的现状，除了实施一般民族地区所能享受到的教育政策，建议还要给予人口较少民族聚居地区一些特殊的教育倾斜政策，主要涉及教师的福利待遇、高中阶段免除学杂费制度和人口较少民族贫困生的资助等几个方面：

第一，对人口较少民族聚居地区的教师在工资待遇、住房福利、家属安置、职称评定和在职培训等方面实行特殊的倾斜政策，以最大限度地吸引和留住优秀教师，从而大力提升当地的教学水平。

第二，实行人口较少民族聚居地区高中阶段免除学杂费政策，切实减轻当地高中学生的家庭经济负担，改变大量人口较少民族学生读完初中就走入社会的局面，突破当地在高中阶段的办学“瓶颈”，提升人口较少民族的整体文化素质。

第三，在人口较少民族贫困生资助方面给予特殊的政策照顾，加大专项财政支持的力度，增加贫困生的资助指标和资助金额，取消对人口较少民族聚居地区的大学生生源地信用助学贷款的名额指标限制，不让一个人口较少民族学生因为贫困而辍学、失学。

（原载于《人民论坛》2016 年第 5 期）

人口较少民族地区贫困现状分析及脱贫策略

——基于对云南省兰坪县的调查

人口较少民族是指我国人口总数在30万以下的28个少数民族，这些民族大多居住在边远地区。就群体而言，这是属于全国人口中最贫困的一部分，也是最需要政府扶持帮助的一部分。[①] 人口较少民族聚居地区的贫困主要表现在经济领域，突出地反映在居民收入方面。基于此，课题组到我国16个人口较少民族自治县之一的云南省兰坪白族普米族自治县进行了调研，以充分了解人口较少民族聚居地区的贫困现状。

兰坪白族普米族自治县地处云南省怒江傈僳族自治州的横断山脉纵谷地带，全县土地总面积4388.5平方公里，辖金顶镇、通甸镇、河西乡、中排乡、石登乡、营盘镇、兔峨乡和啦井镇4镇4乡102个行政村5个社区共801个自然村。境内主要居住有白族、普米族、傈僳族、怒族、彝族、汉族等民族，少数民族人口占总人口的94%。其中白族支系拉玛人、傈僳族、普米族、怒族等民族是“直过民族”和“人口较少民族”，主要集中在通甸、河西、中排、石登、营盘、兔峨、啦井7个乡镇。

兰坪县境内山势险峻，森林茂密，森林覆盖率为73.87%，蕴藏

① 中国人口较少民族发展研究丛书编委会：《中国人口较少民族经济和社会发展调查报告》，14页，北京，民族出版社，2007。

有丰富的矿产资源、水能资源、生物资源和旅游文化资源，被誉为“有色金属王国”、“天然物种基因库”、“植物王国”和“民族文化大观园”。但由于历史等诸多因素的制约，直到现在兰坪县仍然是云南省73个国家扶贫攻坚工作开发重点县之一，集山区、民族、老区一体，是全国少有的资源富饶而又亟待开发的欠发达少数民族自治县，是二元结构十分突出的典型县份。兰坪县是云南省的73个国家扶贫开发工作重点县之一，其经济基础、社会基础以及环境基础等表现极为脆弱。

一、兰坪县贫困现状及其原因

兰坪县的贫困人口，主要聚居在自然条件恶劣、经济落后的山区、半山区和高寒山区。这些地区山高谷深，交通不畅，信息闭塞，生态恶化，自然灾害频繁，人地矛盾突出，劳动者文化素质低，农业产业结构单一，农民增收难度大，群众自我发展能力低，这种状况依靠常规的扶贫方式不可能在短时间内发生根本性变化，而当地的农田水利、交通通信、能源、医疗卫生和文化体育基础设施也比较薄弱。

兰坪县的贫困是整体型、民族型、素质型与条件型相互交织的贫困，贫困人口比重大、贫困面广，深度贫困、区域性贫困突出，属国家扶贫开发重点扶持县，是云南扶贫攻坚的“上甘岭”。根据云南省政府公布的最新贫困标准计算，2013年，全县人均年收入低于2300元的仍有10.37万人，贫困人口占总人口的48.7%，占全县农业人口的52%，贫困人口大部分属于人口较少民族和“直过区”民族。由于生存环境恶劣，居住分散，全县30户以下近50%的村寨的温饱、供电、通行、人畜饮水、广播电视等问题尚未得到彻底解决，扶贫攻坚任务十分艰巨。

解决这些贫困人口的温饱问题，必须采取特殊的政策措施加大各项建设投入。因此，集中5年左右的时间，主动出击，找准优势，抢抓机遇，科学规划，整合资金，集中力量，分批推进，会同怒江傈僳族自治州实施好扶贫攻坚项目，打好扶贫攻坚大会战，加快推进贫困地区整体经济发展和贫困群众脱贫致富，不仅十分必要，而且势在必行。

综合来看，兰坪县的贫困成因主要来自于以下几个方面：

第一，自然条件严酷。兰坪县的扶贫攻坚对象大多数位于山区，境内沟壑纵横，相对高差大，气候垂直变化明显，部分村寨植被覆盖差，一遇暴雨，水土流失十分严重。近年来虽采取了退耕还林等一系列有效措施，但由于实施区域小，生态环境仍未实现良好转变，洪、旱、涝等自然灾害频繁十分突出。

第二，经济发展层次低。从经济构成看，以传统自然经济为农业收入主要成分，其次为低水平的劳务输出收入，第二、三产业微乎其微，由于受光、热土地质量等自然条件的限制，加之农民科技意识不强，耕作粗放落后，单位面积产量难以提高。

第三，贫困地区产业化程度低。龙头企业向贫困地区辐射难度大，缺乏信息和技术支撑，参与市场竞争能力较弱，对贫困户的带动能力弱，加上贫困群众科技文化素质低，接受新观念及新技术、走向市场的能力较差，多数贫困户尚未加入县域农牧业产业化经营链条中来，没有找到稳定的增收门路。

第四，贫困户家底薄。大部分农户住房还是祖上遗留的土坯房、木楞房，近年来新建的房屋大部分也十分简陋，甚至还有一部分茅草房。多数农户家庭收入主要依靠农作物种植及低层次的养殖业，收入微薄，积累很小，一遇大病、子女上学，便负债累累，在生产经营上无力投入，农产品商品率低。

第五，农业生产基本条件差。耕地中95%以上为25度以上的坡耕地，土地瘠薄，加上农民无力加大对土地的投入，产出率低，人多地少的矛盾突出，农业机械使用程度不高。

第六，文化教育、卫生落后，人口素质较低。农村劳动力中，人均受教育年限低，近年来因教育布局的要求撤并教学点，给一些偏远村儿童上学造成新的困难。村内没有比较规范的卫生室，乡村医生无论是素质还是待遇都不能满足村民看病的现实需要，一旦遇到疑难杂症必须步行到数公里外的镇卫生院和县级医院。

第七，交通不便，能源匮乏。截至目前，全县部分自然村未通公路，通村通组公路，由于山陡沟深，路况很差，晴通雨阻，只能走小型农用车和拖拉机，雨天不能通行，偏远村社仍以人背畜驮走上下崎岖山路为主要运输手段，交通不便给群众生产生活带来了极大困难，使各项建设成本过高。

第八，投入不足，未能从根本上解决贫困。近几年来，兰坪县大力整合资金，加大对贫困山区的投入力度，取得了一定的成效。但有部分自然村地处高寒山区，交通极其不便，基础设施脆弱且建设成本过高，自身“造血”功能不足，一遇自然灾害，就导致返贫率上升，贫困问题仍未能从根本上解决。

二、兰坪县贫困人口脱贫策略

兰坪县的绝大多数贫困人口聚居在自然条件恶劣、经济落后的山区、半山区和高寒山区。这些地区山高谷深，交通不畅，信息闭塞，生态恶化，自然灾害频繁，人地矛盾突出，社会事业发展滞后，劳动者科技文化素质不高，农业产业结构单一，农民增收难度大，群众自我发展能力低，这种状况依靠常规的扶贫方式不可能在短时间内发生根本性变化。因此，必须整合资金，集中力量，集中时间，对贫困村的基础设施、公共设施和社会事业进行全面建设、改善和发展，加快贫困村和贫困群众脱贫致富步伐。

兰坪县的农村贫困人口主要分布在生存环境恶劣、基础设施差、社会发育层次低、生态环境脆弱的沿澜沧江一线和山区、半山区，扶贫难度大，扶贫成本高，需要建设的内容和项目多，需要投入的资金量较大，单靠财政扶贫资金还不够，既需要科学集中地统筹、整合各方面的资金和力量，同时也要调动广大群众积极参与。总的来看，鉴于兰坪县的贫困人口现状，建议采取以下脱贫策略：

第一，紧紧围绕民生改善、基础设施、特色产业发展、社会事业和生态环境保护这五大工程的建设，坚持扶贫攻坚与产业发展、农村低保、特色城镇化建设、农村富余农村劳动力转业转移结合起来，把民生改善与小城镇建设、大路建设、大电建设结合起来，着力改善贫困地区农村居住、水利、交通、电力等基础设施条件，把贫困地区劳动力转移输出作为一项产业来抓，以基本解决农村贫困人口的温饱问题。

第二，充分发挥怒江傈僳族自治州扶贫攻坚发挥扶贫政策富集的优势，积极争取整合上级政策项目资金支持，以贫困聚居区为主要战场，以贫困户为对象，在遵循群众自愿原则的基础上，着力打造和推出一批亮点，切实提高怒江傈僳族自治州扶贫攻坚省级财政专项资金项目的整体效益。

第三，加大农村道路的建设力度，全力解决贫困山区群众出行难、发展难的问题；加快农村“五小”水利建设，增强抗御自然灾害的努力，切实解决贫困山区群众饮水安全问题；以乡村人居环境提升为契机，加大生态建设力度，建设美丽乡村，实现人与自然和谐发展；全面解决适龄儿童上学难，群众就医难、收看电视难和娱乐生活单调的问题，不断提高其生活质量。

第四，不断优化农村产业结构，促进农业综合生产能力的明显提高。围绕特色，发展壮大优势产业，引导培育一批有品牌、有市场、有效益、可循环的脱贫致富支柱产业，构建近期增收有保障、远期发展有潜力，形成乡镇有主导产业、村有骨干产业、户有增收项目，“一村一品、一乡一业”的产业发展新格局。

第五，努力提高贫困地区的劳动力素质，初步形成主导产业。

依托产业开发，一是培育至少3个以上的有市场、有规模的特色种养殖支柱产业；二是农村劳动力全部接受生产技能培训，至少熟练掌握1项技能或实用技术，促进劳动力转移就业；三是开展贫困村互助资金试点，资金运行良好，农民得到实惠；四是有条件的村，积极培育和发展农民专业合作经济组织；五是着力培育乡土人才，壮大农村经纪人队伍。

第六，人居环境和生产生活条件得到切实改善。通过加大民生改善力度，实现户均有一幢人畜分离、达到抗震要求、体现地方特点和民族文化特色的安居房，使贫困群众的生活条件得到明显改善，发展能力得到持续增强，实现安居乐业。村庄绿化美化和当地生态环境明显改善，自然村均建有卫生厩舍、厕所、垃圾处理三配套，改善环境卫生，节约薪材、保护森林，初步形成良好的生活习惯和文明的道德风尚。

（原载于《经济研究导刊》2016年第16期）

人口较少民族地区扶贫开发现状分析

——基于对云南省芒市的调查*

人口较少民族是指我国人口总数在30万以下的28个少数民族，这些民族大多居住在边远地区。就群体而言，这是属于全国人口中最贫困的一部分，也是最需要政府扶持帮助的一部分。① 人口较少民族地区的贫困主要表现在经济领域，突出地反映在居民收入方面，因此扶贫开发的工作压力比较大。基于此，课题组到我国德昂族的主要聚居地——云南省芒市进行了调研，以充分了解人口较少民族地区的扶贫开发现状及面临的现实困难。

一、芒市扶贫开发实施现状及面临的现实困难

云南省现有的8个人口较少民族由于社会发育层次低，劳动者素质低，缺乏先进的生产技能，耕作方式落后，农业科技含量低，基本农田少，且大部分土地不能保水保肥，复种指数极低，因此，粮食产量很低，有的农户虽然短期内实现了脱贫，但由于基础差、

* 基金项目：2013年度国家社科基金项目“人口较少民族聚居地区城乡一体化社会救助体系建设研究”（项目编号：13XMZ063，项目负责人：刘苏荣）的阶段性研究成果。

① 中国人口较少民族发展研究丛书编委会：《中国人口较少民族经济和社会发展调查报告》，14页，北京，民族出版社，2007。

底子薄，客观制约因素多，因此返贫现象较为突出，脱贫难度相当大。[1] 基于此，主要聚居在芒市的德昂族自然也不例外。

“十二五”以来，芒市共争取扶贫各类资金 62840.25 万元，其中财政扶贫资金 12385.25 万元、信贷资金 50455 万元。

一是按照资金来源分：中央及省级财政扶贫专项资金 10458.45 万元，州市地方资金 1492.8 万元，金融部门资金 50455 万元。

二是按照项目类别分：整乡推进 2 个 2500 万元，规划行政村 6 个村 600 万元；自然村整村推进 144 个重点村 2339 万元，安居工程 614 户 614 万元，易地搬迁 9 个点，搬迁规模 427 户 1813 人，资金 1124.1 万元，产业扶贫 19 个 1250 万元，农户到户贴息贷款 15000 万元，贴息 750 万元，项目贴息贷款 35455 万元，贴息 1063.65 万元，贫困村互助资金 350 万元；财政奖补资金（竞争性分配资金）784 万元；整族帮扶 266.7 万元；贫困劳动力培训 4300 人 350 万元，太阳能热水器建设 100 万元；扶贫救灾资金 10 万元；其他及市级面上扶贫资金 283.8 万元。

三是按照年度分：2011 年财政扶贫资金 1572.3 万元，信贷资金 2550 万元；2012 年财政扶贫资金 1527.35 万元，信贷资金 3195 万元；2013 年财政扶贫资金 2883.6 万元，信贷资金 10500 万元；2014 年财政扶贫资金 2833.3 万元，信贷资金 7910 万元；2015 年财政资金 3568.7 万元，农户到户贴息资金 4000 万元，项目贴息贷款 22300 万元。

始终坚持“工作到村、扶贫到户”的扶贫工作思路，按照“基础设施、产业扶贫、能力提升”等六大建设目标，共实施了 2 个整乡推进，6 个规划行政村，144 个自然村整村推进扶贫，18 个产业扶贫项目，发放农户到户贴息贷款 15000 万元，扶贫贷款贴息项目资

---

① 刘文光：《我国人口较少民族反贫困面临的问题及对策——以云南边境地区人口较少民族为例》，载《黑龙江民族丛刊》，2012（1），65 页。

金35455万元；建立互助资金组织28个村350万元；对不具备生存条件的9个村寨427户1813人实施扶贫搬迁。具体表现在：

一是特色产业得到培植。共扶持种植核桃、坚果、茶叶等经济作物11517亩，养殖奶水牛、肉牛、羊、猪等大牲畜6386头、鸡3884只等，带动农户14547户64565人。

二是基础设施建设得到改善。完成扶贫安居房建设实施安居工程614户4.9万平方米；硬化村内道路334700米，18.97万平方米；架设水管21600米，水池8个；建文化活动室19间1816平方米，文化活动场地5个2872平方米；实施太阳能建设1000户。

三是科技推广和实用技术培训得到提高。主要与芒市职中、德宏傣族景颇族自治州国贸培训站开展以种植、养殖、珠宝、营销、烹调等为培训内容的贫困劳动力技能培训，共计投入资金330万元培训4300人，培训合格率达到93.5%，转移就业率达88.7%。同时开展农村实用技术培训64场次6176人，努力实现一村一个科技致富带头人、一户至少一人掌握一门实用技术的目标，提高人口素质。

四是易地搬迁稳步推进。5年共搬迁9个村寨427户1813人，投入扶贫专项资金1124.1万元，群众自筹6240多万元，有效地缓解了因生存条件恶劣、泥石流滑坡、生活贫困等威胁，搬迁后原村寨实施退耕还林，恢复生态，促进了项目区经济社会可持续发展。

通过全社会的共同关注，芒市贫困人口不断减少，农民收入逐步提高，基本温饱得到进一步巩固，贫困村寨面貌焕然一新，基础设施得到加强，生产生活明显改善。农村居民人均可支配收入从2010年3603元提高到2014年的7656元，增加4053元。预计贫困人口从2011年的3.06万人下降到2015年末的1.11万人，贫困发生率由9.8%下降到3.7%，5年共解决贫困人口1.95万人。项目涉及11个乡镇、遮放农场办事处，80个村委会144个村民小组，其中扶持贫困人口1万多人。

虽然取得了较大的成绩，但是芒市的扶贫开发工作依然面临着一些现实的困难，主要表现在以下五个方面：

第一，贫困面大，贫困程度深，返贫率高。2013 年，全市贫困人口为 10.109 万人，占总人口 40 万人的 25.3%，占乡村人口 30.2 万人的 33.5%；全市纳入整乡推进 1 个乡（备选 2 个勐戛镇、中山乡）；贫困行政村 12 个，贫困自然村 350 个，贫困危房户 12322 户，需易地搬迁 20025 人。由于历史、自然、综合经济实力等因素，大部分贫困家庭和人口难以脱贫，即使脱贫，一旦发生自然灾害、疾病或遇子女上大学等情况，就容易出现返贫现象。特别是 2014 年，受“7·21”泥石流灾害的影响，芒市的贫困人口返贫率大幅提高。

第二，支持农民发展致富的支柱产业单一。目前，由于产业多以种植、养殖为主，经济结构单一，如遇自然灾害、病害等，农户防灾减灾能力弱，经济损失严重；养殖多数不具规模，牲畜种类单一，自我发展能力差，贫困户增加收入的难度大，增收脱贫步伐缓慢。

第三，财政投入力度不足。一是国家扶贫项目覆盖面偏小，扶贫资金小而碎，对地方的支持和贡献有限。二是市财政困难，相关投入不足，项目配套资金跟不上，项目效益不明显。三是各部门之间的项目资金整合难度大，形不成资金集聚效应，集中力量办大事的难度较大，扶贫成效不明显。

第四，扶贫资金小而碎，资金整合难度大。一是扶贫项目资金除了在整乡推进中整合，在行政村整村推进、自然村推进中整合难度大，难以达到“大扶贫”的目标和要求；二是产业开发项目效益不明显，农副产品加工行业发展滞后，产业链短，缺乏带动能力，产业化发展科技水平不高，农村经济的整体效益没有完全形成；三是扶贫投入与需求的矛盾进一步加剧。扶贫开发指标少，而贫困村又多，导致了“僧多粥少”的局面，又如整村推进、安居工程建设等标准低，远远满足不了建设需要，项目建设的资金缺口很大。

第五，扶贫项目点多面广，监管乏力。扶贫项目单项资金规模小，项目分布零散，点多面广，建设内容多，承担的工作量很大，扶贫系统人员编制不足，人员老化，专业人员缺乏，项目监管难度大。

二、完善芒市扶贫开发工作的基本策略

基于芒市扶贫开发的现状，为了进一步推动工作，建议要紧紧围绕全国“2020年绝对贫困现象基本消除”和云南省、德宏傣族景颇族自治州、芒市“贫困地区农民人均纯收入增长幅度高于当地平均水平”两个核心目标，努力实现“两不愁、三保障”和与全省、全州同步建成小康社会的总体目标。计划到2018年，基本解决5042户1.82万贫困人口的脱贫，贫困发生率控制到4%以内，返贫率控制在2%以内；农村常住居民可支配收入达到12000元。对识别出来的1个贫困乡、12个贫困行政村、350个贫困村民小组、12322户贫困危房户、20025人需要易地搬迁人口等解决脱贫问题，推进农村经济社会快速健康发展。对扶贫对象全面实施精准的扶贫到村到户政策，对因灾因病等造成的暂时性贫困、无劳动能力形成的绝对贫困等对象因户施策、包保结对帮扶；对于有发展愿望而缺乏资金、技术等条件的贫困对象，切合实际提供能力培训、制定发展规划。通过划分类别、因人制宜，实现精准扶贫。尊重扶贫对象的主体地位，鼓励有条件的贫困群体自力更生、艰苦奋斗，提高其自我管理水平和发展能力，立足自身实现脱贫致富。广泛动员社会各界参与扶贫开发，鼓励先富带后富，以实现共同富裕。

当然，完善人口较少民族地区扶贫开发工作的重点，还是在于大力发展能帮助当地群众快速脱贫增收的特色经济产业。基于我国人口较少民族地区得天独厚的自然、地理、气候、资源禀赋、民族传统文化等条件，各地要因地制宜发展民俗文化、生态旅游业、特色农业、特色林业及经济林果、特色生物产业、传统民族工艺、养

殖业等特色经济，着力打造特色经济产业。[1] 因此，芒市在扶贫开发工作中要把重心放在如何打造地方特色经济产业方面，而在这个过程中，要坚持以下原则：

第一，牢固树立大扶贫工作格局，认真宣传贯彻落实党中央、国务院扶贫开发政策，调动各方力量，开展好专项扶贫、行业扶贫和社会扶贫“三位一体”的扶贫工作机制。

第二，按照扶贫资金项目、资金、权力和责任四到位管理的要求，认真做好项目审批和资金分配管理工作。

第三，采取切实有效措施，利用“挂包帮、转走访”的大好机遇，瞄准贫困对象，充分调动各部门各级干部的积极因素，拔除穷根。

第四，组织协调各部门、各乡镇认真抓好2015年已批未实施完成的整乡推进、整村推进、整族帮扶、易地扶贫搬迁和产业扶持的项目，按照项目规划分年度实施，在项目落实过程中一定要确保工程质量、安全和工期。

第五，认真做好扶贫开发项目的检查验收、报账、跟踪、问效和审计监督管理工作，努力使项目资金投入后发挥更大效益，使农村贫困对象居民可支配收入超过当地的平均增长水平，以达到扶贫开发工作的最终目的。

（原载于《农村经济》2016年第13期）

① 朱玉福：《中国扶持人口较少民族发展的理论与政策实践研究》，259页，北京，民族出版社，2015。

论生源地助学贷款制度存在的问题及完善策略*

2007年，以国家开发银行为发放主体的生源地助学贷款业务正式诞生，该项贷款业务首先在江苏等5个省份开展试点，2008年推广到全国各地。生源地信用助学贷款是由政府财政贴息，银行与教育行政部门共同操作的专门帮助高校贫困家庭学生的银行贷款，贷款学生不需要办理贷款担保或抵押，但需要承诺按期还款。生源地信用助学贷款制度较之以往由高校办理的国家助学贷款制度，在政策和机制上进行了多项改变：一是贷款申请和受理的组织工作由高校负责改为由县级教育管理部门负责。二是贷款人由学生本人改为学生与家长为共同贷款人。三是贷款期限由最长10年延长到14年。四是风险补偿比例由招标确定改为统一规定的15%，风险补偿金由财政和高校各承担一半改变为全部由财政承担。五是建立风险补偿金盈余返还激励和亏空分担约束机制，即风险补偿金若超出贷款损失，超出部分奖励给县级学生资助机构，若低于贷款损失，不足部分由金融机构和县级财政部门各分担一半。①

从2014年7月1日起，国家助学贷款资助标准由现行每人每年

* 基金项目：2013年度国家社科基金项目“人口较少民族聚居地区城乡一体化社会救助体系建设研究”（项目编号：13XMZ063，项目负责人：刘苏荣）的阶段性成果。

① 张光明主编：《完善家庭经济困难学生资助体系》，80页，北京，人民出版社，2012。

不超过6000元，调整为全日制普通本专科学生每人每年不超过8000元，全日制研究生每人每年不超过12000元。[①] 自2008年在全国范围内实行以来，生源地信用助学贷款制度已经建立起了一套行之有效的运行机制，避免了商业银行办理助学贷款业务的利益捆绑动机，在贷款发放银行、地方财政部门和高校之间有效地分摊了贷款综合成本，在县级教育和财政部门之间建立了信贷风险共担与回收激励机制。

一、当前生源地助学贷款制度存在的问题

生源地助学贷款制度很好地解决了来自贫困家庭的大学生在校期间的学费和住宿费问题，保障了他们接受高等教育的权利，这对于提升国民的整体素质具有重大现实意义。但是，在肯定既有成绩的同时，当前的生源地信用助学贷款制度在具体的操作过程中也暴露出一些不容忽视的问题，急需得到完善。

（一）风险防范机制不健全，贷后管理不到位

在当前生源地助学贷款管理体制下，县级学生资助管理中心承担了过多的责任，贷前测算、贫困生认定、贷款初评、贷后管理、贷后催收和信息收集等日常管理工作全部由县级学生资助管理中心负责。[②] 与此相对应的是，高校是生源地助学贷款制度的重要受益者，却几乎不承担任何贷款风险和日常管理的责任，因此当前生源地助学贷款制度的风险防范机制很不健全。在生源地助学贷款制度

① 李文君：《国家助学贷款相关调整政策解读》，载《教育与职业》，2014（11），49页。

② 常军胜、诸葛明双：《多级多方联动：生源地信用助学贷款的风险防控机制》，载《广西师范大学学报》（哲学社会科学版），2013（2），150页。

中，目前只有县级学生管理中心具有督促贷款人还款的责任。贷后管理是个系统的工作，仅仅简单地对县级学生资助管理部门规定催款责任，是无法做好贷后管理工作的。[①] 在贷后管理的问题上，银行、高校和贷款大学生也应该承担起相应的责任。

由于生源地助学贷款的日常管理工作全部由县级学生资助管理中心来承担，随着近几年来高校的不断扩招和学费的增长，以及国家助学贷款资助标准的逐步提高，我国生源地助学贷款的受助面在不断扩大，贷款发放额度也在快速增长。在这种情况下，县级学生资助管理中心人手不足的弊端日益凸显，致使他们对贷款申请的评审材料，特别是贷款申请学生的家庭经济情况难以做到逐一进行实地走访、核实。县级学生资助管理中心只能不定期地随机对贷款大学生的家庭进行抽查，导致生源地信用助学贷款存在相当程度的风险，其公平公正性也会受到社会的质疑。

（二）信用风险在不断加大

生源地助学贷款的信用风险与商业贷款不尽相同，助学贷款是一种没有任何担保和抵押的完全的信用放款，主要面向那些家庭贫困的大学生发放，他们现在的偿付能力不足，而未来的偿付能力又不确定，因而违约风险较高。[②] 大学生毕业以后，基本上就是各奔东西，尤其是那些来自经济欠发达的西部省份的大学生，他们毕业后回到生源地所在县（区、市）就业的可能性是很小的，加上我国经济的不断发展和新型城镇化的不断推进，人口从农村到城镇、从西部省份到东部沿海省份的现象越来越普遍，流动人口日益增多，这

---

① 吴大平：《广西生源地信用助学贷款贷后管理机制研究》，载《广西社会科学》，2014（4），25 页。

② 李玉洁：《国家助学贷款信用风险研究》，载《征信》，2015（7），57 ~58 页。

使得生源地助学贷款的信用风险日益凸显。

此外，我国的很多贫困大学生来自于城乡最低生活保障家庭，其中有一部分还是孤儿，属于特困供养人员，他们是大学生中最贫困、最弱势的群体。这些特别贫困的大学生属于我国民政部门的社会救助对象，很多同学的家里一贫如洗，所以他们偿还助学贷款的能力也往往是最弱的，违约的风险比较大。

（三）手续繁琐，存在一些走后门的不公平现象

目前，我国大学生首次申请生源地助学贷款的手续相当复杂，需要提供本人和父母的身份证、户口簿、大学录取通知书以及各种证明，需要到村委会、乡镇办事处、毕业高中和县级学生资助管理中心盖章，接受各种资格审查。在云南省，很多贫困大学生到县级学生资助管理中心办理生源地助学贷款手续时，通常需要履行以下繁琐的程序：（1）办理助学贷款的大学生首先要到指定地点参加贷款知识培训（贷款学生须提供相关材料，经工作人员审验具备贷款资格后方可参加培训），培训工作由县级学生资助管理中心工作人员来完成，主要培训贷款办理注意事项、还款须知等内容；（2）贷款知识培训结束后，工作人员为参加培训的学生发放序号牌（贷款学生须按照手中序号牌上的时间前往指定地点办理助学贷款合同的签订手续）；（3）贷款学生按序号牌时间到指定地点（通常就是县级学生资助管理中心办公的地点）办理贷款合同的签订手续，在办理手续之前，工作人员还将对贷款学生的有关材料和序号牌一一进行核验，通过这些核验后，贷款学生才可以办理签订助学贷款合同的相关手续。

虽然当前的生源地助学贷款制度对申请人有很多严格要求，需要走很多程序，而在这一系列复杂的程序背后，其实就埋下了某些人借此拉关系、走后门的隐患。事实上，对于很多大学生来说，只要通过了高中毕业学校对其贷款资格的审查，一般也就能顺利通过

生源地县级学生资助管理中心对其贷款资格的审查。从高中毕业学校的资格审查开始，到开具各种证明，以及盖各种单位的章，其实都存在着一些走后门的不公平现象。比如，在申请助学贷款过程中发挥着重要作用的大学生家庭经济状况调查表，在现实生活中，往往只要高中毕业学校盖了章，证明其家庭确实贫困，申请助学贷款的大学生再去当地乡镇（街道办事处）的政府相关部门盖章的话就很容易了，至于村委会（社区居委会）审查盖章这一关，很多时候只是走走过场，谈不上严格把关。

正是由于生源地助学贷款在办理过程存在一些容易给动机不纯的人钻漏洞的可能，一些家庭经济其实并不困难的大学生会因为自己家长与高中毕业学校的校领导或班主任的关系要到助学贷款的指标，只要通过了毕业高中这一关的审查，获得助学贷款就没有什么悬念了。有限的助学贷款资源被挤占，就必然导致一些真正需要贷款的贫困大学生贷不到能解燃眉之急的助学贷款，这无疑是很不公平的。

二、完善策略

（一）通过多种方式和多方努力来改进贷后管理工作

自 2008 年以来，国家开发银行开发并完善了个人金融业务系统，它成为我国县级学生资助管理中心在开展助学贷款工作时必不可少的网络平台。因此，县级学生资助管理中心的工作人员应该充分利用这个网络平台，采取多种方式，通过各种途径切实做好助学贷款的利息和本金的回收工作。比如，在 2012—2015 年连续 4 年申请生源地助学贷款的人数和金额均位居全国首位的广西壮族自治区，当地的很多县级学生资助管理中心每到年底的时候会对贷款学生和家长进行电话联系，电话联系不上的则通过 QQ 和电子邮件发出通知，若再联系不上的，会将任务分解到县教育局下属的各个股室，各个股室再通过各自联系的乡镇把任务落实到各个乡镇中小学，通过广泛发动当地中小学教师，最终与学生家长取得联系，从而追还助学贷款的到期本息，这种方法很值得推广。

获得助学贷款的大学生毕业后分布在全国各地，如何让他们在国家助学贷款系统里进行定期个人信息的变更，如何与他们保持长期的联系，确保及时还贷，这是贷后管理工作的重中之重。高校作为生源地助学贷款制度的最大受益方之一，目前却在贷后管理工作上几乎没有承担起应有的责任。基于此，高校的学生和就业管理部门应该充分发挥校友会的作用，与毕业同学保持长期联系，同时也要与生源地县级学生资助管理中心长期保持信息沟通，在贷后管理工作方面提供必要的协助。

（二）加强诚信教育，完善个人征信系统

建议我国的县级学生资助管理中心将国家生源地助学贷款政策文件进行汇编，印发给高中应届毕业生，尽量做到人手一份，广泛宣传国家的助学贷款政策和诚信教育内容。此外，高校也应该承担起防范助学贷款违约风险的重要责任。高校要结合自身特点，营造良好的诚信校园氛围，充分抓住学校新生入学教育、期末考试前教育、毕业生毕业前教育和心理健康教育等主题教育活动的契机来开展贫困生的助学贷款诚信教育。① 只要高校切实做好诚信教育工作，就能有效提高大学生的诚信意识，促使他们在毕业离校后能按时还本付息，从而有效降低助学贷款的信用风险。

加强诚信教育固然能在一定程度上化解助学贷款的信用风险，但是从现实情况来看，化解生源地助学贷款的信用风险的根本手段

---

① 陈志远：《对高校贫困生助学贷款诚信教育的探讨》，载《教育探索》，2013（7），123页。

应该是大力完善我国的个人征信系统。个人征信系统是由一个专门的机构给每个人建立一个电子信用档案，然后再把它提供给各家银行、数据主体本人、金融监管机构、司法部门以及其他政府机构使用。我国的2006年个人征信系统正式上线后，其在推动商业信贷审批和金融信用风险防范方面发挥着越来越重要的作用。截至2014年年底，我国个人征信系统收录的自然人数达到8.5亿人，约占全国总人口的三分之二，其覆盖面是相当广的。在当前，失信惩戒机制的建设和完善是我国个人征信系统发展所面临的重要任务。严厉的惩戒机制将会使失信成本大大增加，使得失信者无法立足。为此，应加大对失信方的经济处罚和社会处罚，对其参与经济活动的权限加以限制，加大其失信成本，从而对失信方产生极大的警示性和约束力。① 享受了国家生源地助学贷款的大学生，在毕业后如果不能按期还款，那么他每违约一笔助学贷款的还款，就会增加一条不良信用记录，从而对他以后申办信用卡、房贷和车贷等个人金融业务带来严重的负面影响。因此，只要切实完善了全国联网的个人征信系统，必然会对一些有违约企图的毕业大学生产生很大的震慑力。

（三）建立生源地助学贷款救助机制

对于那些来自城乡最低生活保障家庭或者本人属于特困供养人员的大学生来说，如果他们毕业后一时找不到工作，或者其工作薪酬水平过低，他们的助学贷款将如何收回本息，将是一个相当棘手的现实问题。对于这类特别困难的大学生，我国可以考虑建立生源地助学贷款救助机制，对他们提供相应的教育救助，确保他们完整地读完大学，同时又能有效降低生源地助学贷款的信用风险。2014年2月，国务院颁布了《社会救助暂行办法》，其中第33条就明确

---

① 章政：《以个人征信报告为切入点建立居民信用体系》，载《征信》，2015（6），2页。

规定，对在普通高等教育阶段就学的最低生活保障家庭成员和特困供养人员（主要是指孤儿），根据实际情况给予适当的教育救助。

生源地助学贷款救助机制，是指通过财政补偿或政府信用担保方式，对丧失还贷能力或出现暂时性还款障碍的生源地国家助学贷款毕业生采取减免或缓还本付息负担的政策。生源地助学贷款是采用市场机制实施的学生资助手段，因而不可避免地出现“市场失灵”现象，特别是对于家庭经济特别贫困的大学生来说，贷款上学反而增加了长期经济负担。我国可以结合国情，在借鉴国外成功经验的基础上建立生源地助学贷款救助机制，即对享受生源地助学贷款的大学毕业生中的最贫困群体采取免息、延期还本、部分甚至全额免除本金的救助措施，其资金来源于财政专项补贴或经办银行的助学贷款让利。[①]

（四）简化助学贷款的办理程序，同时要严格把关，体现公平正义原则

生源地助学贷款既然是个人信用贷款，不是个人抵押或担保贷款，那么就应该尽可能简化贷款办理程序。比如，县级学生资助管理中心向当地高中应届毕业生广泛发放汇编了所有生源地助学贷款政策文件的小册子后，就可以省掉办理助学贷款的大学生首先要到指定地点参加贷款知识培训的这个环节。另外，建议取消村委会（社区居委会）和乡镇（街道办事处）的审查盖章环节，把生源地助学贷款资格审查的工作主要交给高中毕业学校和县级学生资助管理中心来做，因为我国很多贫困大学生的家是在边远山区的农村，他们来一趟县城不容易，取消了村委会（社区居委会）和所在乡镇（街道办事处）的审查盖章环节，就不至于让他们在城、乡间多次往

① 张光明主编：《完善家庭经济困难学生资助体系》，178～179页，北京，人民出版社，2012。

返奔波。

当然，在简化生源地助学贷款办理程序的同时，也需要严格进行助学贷款的资格审查，特别是高中毕业学校更是需要严格把关，最大限度地避免该贷的同学没有贷到，不该贷的同学却能贷到的不公平现象。鉴于我国东部、中部和西部各个省份经济社会发展水平存在较大的差距，为了充分体现生源地助学贷款制度的公平正义原则，建议由各个省份制定适合本地区现实情况的贫困家庭大学生的识别标准，从而确保助学贷款的精准助学，充分提升助学贷款的资金使用效率。同时，对于来自城乡最低生活保障家庭本人属于特困供养人员的大学生，建议进一步简化其助学贷款办理手续，凭借生源地县级民政部门开具的相关证明，其本人就可以自动获得办理生源地助学贷款的资格，而不必像其他学生那样要经过一系列的申请和资格审查程序。

（原载于《人力资源管理》2016 年第 7 期）

人口较少民族聚居地区农村危房改造策略研究

——以罗城仫佬族自治县为例*

吃、穿和住是人类最基本的需求，政府有责任为此提供相应的保障。在我国现有的城镇住房保障体系中，保障形式多样化且较为完备，主要有经济适用房、廉租房、公共租赁房、限价房和棚户区改造这五种形式。而在我国的农村，住房保障目前主要采取的是危房改造这一种形式。与城镇居民不同的是，我国的农村居民可以在集体分配的宅基地上自主建房。在推进农村住房保障的过程中，可以充分利用这一制度优势，通过信贷支持、技术支持、建房补贴等措施，激励具有一定经济能力的农村居民发挥建房的主体作用，自主修建或改善住房。① 正因为如此，自2008年我国首先在贵州省开展农村危房改造试点以来，农村危房改造试点的范围逐步扩大，至今这项惠民政策已经覆盖到全国。

我国的人口较少民族是指本民族总人口在30万以下的28个少数民族，他们大多居住在边疆省份的高山峡谷中，就群体而言，他

---

* 基金项目：2013年度国家社科基金项目“人口较少民族聚居地区城乡一体化社会救助体系建设研究”（项目编号：XMZ063，项目负责人：刘苏荣）的阶段性成果。

① 崔永亮：《基于城乡统筹的农村住房保障体系构建研究》，载《农村经济》，2012（1），76页。

们是属于全国人口中最贫困的一部分。[①] 由国务院审议通过的《扶持人口较少民族发展规划（2011—2015 年）》明确指出：要加强人口较少民族聚居地区农村人居环境的建设，加快农村危房改造步伐，推进游牧民定居。鼓励和支持农牧民建设富有地方特点、民族特色、传统风貌的抗震安全节能环保型住房，保护有历史文化价值的古村落和古民宅。因此，人口较少民族聚居地区的农村危房改造不仅是一般意义上的农村住房保障政策，也是我国扶持人口较少民族专项政策的一项重要组成部分，因而具有特殊的意义。基于此，课题组到我国 16 个人口较少民族自治县之一的罗城仫佬族自治县进行了调研。

一、罗城仫佬族自治县农村危房改造的基本现状

罗城仫佬族自治县位于广西壮族自治区的西北部，隶属于河池市，辖区总面积为 2658 平方公里，大石山区占 61.29%，丘陵占 39.71%，全县共有 11 个乡镇（7 镇 4 乡）141 个行政村（社区）。罗城县境内居住着仫佬、壮、汉、苗、瑶、侗等 12 个民族，2013 年总人口 38 万人，其中仫佬族人口 12.55 万人，是全国唯一的仫佬族自治县，也是国家扶贫开发工作重点县之一。罗城县仫佬族人口占 20%以上的有 57 个行政村（社区），占全县行政村（社区）总数的 40.43%，主要分布在四把、东门、黄金、小长安、天河、龙岸和乔善这 7 个乡镇，仫佬族群众大部分居住在边远贫瘠的大石山区和高寒山区的农村，生活条件比较艰苦。

罗城县的农村危房改造工作是从 2009 年开始的，目前已经连续实施了 10 个批次共计 9884 户，完成建筑面积 733048.4 平方米，完

---

① 崔永亮：《基于城乡统筹的农村住房保障体系构建研究》，载《农村经济》，2012（1），76 页。

成投资额 64807.82 万元。涉及全县 11 个乡镇 126 个村 16 个社区，受益人口 4 万多人。至 2014 年年底，罗城县已完成危旧房改造 9884 户，总计完成建筑面积为 748384.4 平方米，完成总投资 65011.82 万元，其中政府补助投资总额为 17203.9 万元。9884 户农村危旧房改造家庭在罗城县的具体分布情况为：东门镇 1343 户，龙岸镇 1391 户，黄金镇 667 户，小长安镇 906 户，四把镇 1176 户，天河镇 861 户，怀群镇 1121 户，乔善乡 847 户，宝坛乡 626 户，纳翁乡 413 户，兼爱乡 533 户。

二、完善策略

（一）切实把农村危房改造作为住房救助的一个重要环节，对农村存在住房困难的社会救助对象实行特殊照顾政策

我国现有的住房救助政策是在住房保障政策这个大框架内运行的，对于社会救助对象的住房保障要做到优先安排，所以由救助对象承担的住房支出应该是很少的，城镇是如此，农村也应该如此。2014 年 11 月，由住房与城乡建设部、民政部、财政部联合发布的《关于做好住房救助有关工作的通知》指出：农村住房救助对象，属于优先实施农村危房改造的对象范围。基于此，建议人口较少民族聚居地区的地方政府相关部门按照实际困难程度把当地的农村危房改造户分为重点困难户（丧失劳动能力的低保户和分散供养五保户）、低保困难户（具有劳动能力的低保户）、贫困优抚对象和一般困难户，并拉大不同群体之间的补助标准。对于前两者，属于住房救助的范畴，而农村贫困优抚对象和一般困难户的危房改造属于一般意义上的住房保障的范畴。

建议在条件许可的情况下，重点困难户的危房由地方政府负责拆建，统一安置，而重点困难户不必承担建房费用，但是当地政府

要基于地方财力对建房标准进行严格的控制。低保困难户危房改造的补助标准要在现有基础上给予大幅提高，同时当地政府要为其建房贷款提供担保，或者实施财政贴息。当然，低保困难户的危房改造工程也可像重点困难户那样由地方政府负责拆建，但是其需要承担一部分建房费用，不过其自筹费用占总建房费用的比例要低于50%，也就是说，实行的是“财政补助为主，农户自筹为辅”的资金筹集办法。因为农村贫困优抚对象和一般困难户的危房改造不属于住房救助的范畴，所以建议农村贫困优抚对象和一般困难户的危房改造仍然采用现行的“以农户自筹为主”的资金筹集办法，农户自筹经费占总建房费用的比例要高于50%。当然，农村贫困优抚对象和一般困难户的危房改造补助标准要适当拉开距离。

（二）加强政策宣传，严格日常管理，确保农村危房改造工程做到“公开、公平、公正”

首先，加强对于国家现有农村危房改造政策的宣传。在各村委会和村民小组广泛张贴农村危房改造通告，告知农户农村危房改造工作相关申请条件和流程以及工作规程，做到农村危房改造政策家喻户晓。乡镇有关部门要加大改造项目现场检查力度，严格按照上级规定的标准控制建筑面积，如发现有超面积、超标准建设的对象，立即通告并取消其农村危房改造的指标，同时指导农村危房改造户严格按照上级的要求进行危房改造，确保不偏离国家的农村危房改造政策。

其次，乡镇要加强对村级评议程序的参与和监督，确保村委会和村民小组确实认真按照有关规定开展了评议工作。罗城县农村危房改造办公室要把好审批关，同时要增加人手，加强对乡镇工作的监督和指导，切实解决群众反映的农村危房改造指标分配不公的突出问题，防止乡镇和村级干部在危房改造工作中出现失职、渎职等侵害群众利益的现象的发生，确保农村危房改造工程做到“公开、公平、公正”。对于存在住房困难的农村低保户和分散供养五保户来说，危房改造是他们应当享受的住房救助权利，所以就不必纳入村级评议程序。

最后，县级住房与城乡建设部门要充分利用当地县级扶贫开发部门所建立的“贫困户建档立卡登记表”来进行农村危房改造对象的甄别。2015 年 10 月，广西壮族自治区扶贫开发办公室制定的《精准识别贫困户贫困村实施方案》，提出运用“一进二看三算四比五议”方法精准识别贫困户，要求这个工作在 2016 年 1 月全部完成。本次识别由各县（市、区）党委、政府牵头组织，组建精准识别工作队派赴各行政村，在识别对象所在村级组织和村干部的参与和配合下，开展精准识别贫困户工作，需要把农户名单送县（市、区）公安、国土、房产、工商等有关单位进行农户财产检索，核查农户拥有房地产、车辆、开办公司等情况，最后填写“贫困户建档立卡登记表”，为贫困户建档立卡。通过与当地县级扶贫开发部门的紧密联系和积极沟通，借助于“贫困户建档立卡登记表”，在一定程度上可以减轻县级住房与城乡建设部门的工作量，让那些真正需要农村危房改造指标的贫困户享受到危房改造政策，而把那些不符合条件的申请者剔除在外。

（三）加快新型城镇化建设的步伐，减缓当地农村危房改造工作的压力

从某种意义上来说，我国当前正在大力推进的新型城镇化是彻底解决人口较少民族聚居地区农村贫困落后问题的重要战略选择。新型城镇化所要解决的是整个社会的结构问题，即城镇和乡村在产业、人口、社会等方面的结构和布局问题，其中的核心问题就是调整城乡之间的关系，促成农业和农村人口向城镇和工商业人口的转移，完成由传统农村为主体的社会向现代城镇为主体和主导的社会

的转变，以达到城乡共同繁荣，共同进步。[①] 当前，人口较少民族聚居地区县域经济的发展面临着城镇化水平很低、城乡二元结构突出的严峻形势。人口较少民族聚居地区的城镇基础设施建设普遍比较落后，为群众提供公共服务的能力比较弱，缺乏聚集产业和人口的吸引力和凝聚力，这一现状严重影响了当地的城镇化水平。当前，罗城县农村危房改造指标供需矛盾十分突出，而造成这一现象的重要原因就是当地的城镇化水平过低（见下表）。

2013 年城镇化率比较表

地区	城镇化率（%）
全国	53.73
广西壮族自治区	44.81
罗城县	14.93

资料来源：全国和广西数据来源于政府部门官网、罗城县数据是课题组实地调研获得的。

从上表可以看出，截至 2013 年，罗城县的城镇化率是非常之低的，仅为全国平均水平的 27.8%，广西壮族自治区平均水平的 33.3%，这就意味着罗城县的新型城镇化建设有着巨大的发展潜力。将来，随着大量的农村人口迁移到城镇居住，罗城县的农村住房需求必然就不会像现在这样的强烈，农村危房改造的压力就会得到比较大的减缓，当然这就需要罗城县加大城镇住房保障的力度，但是目前罗城县的保障性住房的建设力度明显滞后。从 2009 年启动第一批廉租房建设直到 2014 年的 5 年间，罗城县仅安排了两批共计 84 户城镇困难家庭入住廉租房，其城镇住房保障的力度实在是太小了，

① 厉以宁、艾丰、石军：《中国新型城镇化概论》，67 页，北京，中国工人出版社，2014。

严重制约了罗城县新型城镇化的步伐，进而给当地的农村危房改造工作带来了巨大的压力，导致供需失衡。因此，罗城县需要加大城镇保障性住房的建设力度，满足大批城镇困难群众的住房需求，切实推进当地的新型城镇化建设，减缓农村危房改造工作的压力。

（原载于《中外企业家》2016 年第 19 期）

论完善我国扶持人口较少民族政策的基本策略

——基于对1个民族自治州和4个民族自治县的调查*

党和政府历来非常重视我国少数民族地区的经济社会发展问题，早在20世纪80年代末，习近平总书记就曾经指出：加速发展少数民族地区经济，使他们赶上或接近汉族的发展水平，才能够解除事实上的不平等，使各民族得到共同的繁荣。目前，全国扶贫工作的主战场已开始转移到少数民族地区。[①] 我国的人口较少民族是指本民族总人口在30万以下的28个少数民族，他们大多聚居在经济发展水平相对比较落后的边远地区，当地的贫困问题比较突出，基本公共服务的水平也很低下。就群体而言，这是最需要政府扶持帮助的一部分。[②] 进入21世纪以来，国家和一些地方政府的相关部门陆续制定和实施了扶持人口较少民族的一系列政策，国务院先后审议通过了《扶持人口较少民族发展规划（2005—2010年）》《扶持人口较少民族发展规划（2011—2015年）》；在地方层面，人口较少民族聚居地区所在的省级、州（市）级和县级政府的相关部门也纷纷编制

---

* 基金项目：2013年度国家社科基金项目“人口较少民族聚居地区城乡一体化社会救助体系建设研究”（项目编号：13XMZ063，项目负责人：刘苏荣）的研究成果。

① 习近平：《摆脱贫困》，118页，福州，福建人民出版社，1992。

② 中国人口较少民族发展研究丛书编委会：《中国人口较少民族经济和社会发展调查报告》，14页，民族出版社，2007。

和实施了本地的扶持人口较少民族政策。扶持人口较少民族政策主要涉及人口较少民族聚居地区的基础设施建设、特色产业发展、民生保障、民族文化发展、人力资源开发与和谐家园建设这六大工程，至今该项政策已经实施了整整10年，取得了巨大的经济和社会效益。根据《扶持人口较少民族发展规划（2011—2015年）》的界定，我国人口较少民族聚居地区包括2个人口较少民族自治州、16个人口较少民族自治县、71个人口较少民族乡和2119个人口较少民族聚居的行政村。

课题组先后到我国的1个人口较少民族自治州和4个人口较少民族自治县进行了实地调研，它们分别是云南省的德宏傣族景颇族自治州，广西壮族自治区的罗城仫佬族自治县和环江毛南族自治县，以及云南省的贡山独龙族怒族自治县和兰坪白族普米族自治县，涉及景颇族、德昂族、阿昌族、仫佬族、毛南族、独龙族、怒族和普米族共8个人口较少民族。课题组发现扶持人口较少民族政策在实施过程中取得了很大的成绩，但是也存在一些不足之处，急需得到完善。

一、当前我国扶持人口较少民族政策在实施中存在的不足

（一）过于偏重基础设施建设，对专业技术人才队伍的建设不够重视，导致当地的基本公共服务长期处于一个比较低的水平

课题组调查发现，通过多年的扶持，当前我国人口较少民族聚居地区的基础设施已经有了很大的改善，但是当地医疗、教育等基本公共服务的水平仍然比较低。造成这一现状的主要原因在于地方政府在制定和实施本地的扶持人口较少民族政策时，对于“物”的方面非常重视，但对于“人”的方面不太重视，导致当地专业技术

人才队伍的建设比较滞后。

在德宏傣族景颇族自治州和贡山独龙族怒族自治县，课题组发现当地的专业技术人才队伍建设均被包含在本地扶持人口较少民族政策的人力资源开发工程建设之中，具体包括学前教育与义务教育阶段的在职教师培训、农村卫生人才培训和人口较少民族文化传承人培训，但其在五年内（2011—2015 年）投入的资金不过区区几万到几十万元，而同期投入基础设施建设的资金动辄就是几亿元，其对比不可谓不鲜明。在罗城仫佬族自治县，对教育扶持的投入资金虽然有 6000 万元之多（2011—2015 年），但是其主要涉及的是罗城县民族中学迁建和综合性高中建设工程，属于典型的基础设施建设项目，与教师队伍建设并没有直接的关系。

根据《环江毛南族自治县扶持人口较少民族发展“十二五”规划》，在“十二五”期间，环江县要建设 8 项扶持毛南族的重大工程，计划总投资 439930 万元，其中仅道路交通建设工程就要花费总资金的 62.4%。而在社会事业工程里，其中的教育项目计划总投资 27040 万元，以农村中小学为对象，主要解决学生宿舍、食堂、活动场地紧缺等问题；其中的医疗卫生项目总投资 8963 万元，以农村医疗卫生机构为对象，主要是为乡镇卫生院和村卫生室改善诊疗环境，添置医疗器材。可以看出，虽然资金并不算少，但是无论是教育项目还是医疗卫生项目，其关注的重点始终是基础设施建设，对于教师和医务人员队伍的建设几乎没有涉及，这无疑是一大不足。

正是由于地方政府在政策导向上出现的偏差，人口较少民族聚居地区就出现了有设施齐全的村卫生室而没有素质过硬的乡村医生、有标准化的乡村教学楼而没有经验丰富的乡村教师、有宽敞明亮的村文化室而没有高水平的民族文化传承人的现象，当地基本公共服务的水平也就可想而知了。

以医疗卫生专业技术人员队伍的建设为例，在罗城县，按照当地卫生管理部门的相关规定，全县应有乡村医生 330 人，但目前实际上仅有176人，其中超过90%以上的人只具有中专及以下学历，持有执业医师资格证的仅有10人。截至2013年年底，贡山县医疗卫生系统的高级职称人员仅占卫生技术人员总数的12.08%，而初级职称及以下人员竟然占了卫生技术人员总数的73.15%。贡山县所有的乡镇卫生院都存在着临床、放射和检验等专业技术人员严重短缺的现象，部分乡镇卫生院甚至全院都没有一个持有执业医师资格证的医务人员，实际上处于“违法行医”的状态，而乡村医生的养老问题一直没有得到妥善的解决，加上本身待遇就很低，这严重影响了他们的工作积极性。在兰坪白族普米族自治县，截至2013年年底，在全县240名乡村医生当中，具有大专学历的仅有8人，另外的232人均为中专及以下学历，其中还有60人仅为初中及以下文化程度，整体的业务水平比较低下。

（二）过于注重外源式扶持，人口较少民族群众对扶持项目的参与力度不足，导致人口较少民族自我发展的意识和能力不强

目前制约我国人口较少民族发展的一个主要因素就是其自我发展的意识和能力比较弱。为了实现民族平等，加快人口较少民族的发展，政府等外部力量通过搬迁、资金与物资资助等形式来促进人口较少民族的快速发展。但是，以外力扶持为主的发展模式，如果其包办性过强，一方面会使人口较少民族在不劳动的情况下就能获得丰富的扶持物资和资金，久而久之就会形成依赖心理，致使其自我发展意识逐渐减弱；另一方面如果外力主导下的发展标准与人口较少民族的自身要求不一致，就会产生诸多的不适应问题，影响并制约人口较少民族发展的主体性地位的形成与自我发展能力的提高。①

---

① 袁春艳：《人口较少民族生存、文化与教育：基于云南省莽人的人类学考察》，228～229页，北京，中国社会科学出版社，2013。

课题组在贡山县调查时发现，当地的独龙族和怒族群众对许多扶持人口较少民族项目从规划到实施阶段的参与力度都不大，导致扶持人口较少民族工作在一定程度变成了“授人以鱼”：工作人员是抱着“施恩”的心态去开展扶持工作，而独龙族和怒族群众则是抱着“被动接受”的心态去对待扶持工作。在我国独龙族唯一的聚居地——贡山县独龙江乡，当前扶持独龙族项目的施工人员大多是来自于邻近的大理、丽江和保山等地、州，而当地的独龙族群众很少参与家门口的扶持项目的建设，白白错过了一个提升自身发展能力的大好机会。总的来看，独龙江乡的独龙族群众更像是扶持工作的“旁观者”而非“参与者”，其自我发展的良性机制尚未真正形成，当地经济社会的发展基本上是遵循一种外源式的发展模式。

课题组在兰坪县河西乡大羊村委会调查时，当地的普米族群众就向我们反映：他们所在村子在建在比较陡峭的半山坡上，坡度基本上在 40 度以上，与其在村子里建成现在的陡峭而不实用的硬化水泥路，不如建成有台阶的青石板路，这样的话会更为实用。大羊村普米族群众提出这个建议的理由有三个：第一，当地年平均降雨量超过 1000 毫米，雨季时间也比较长，在村子里建坡度很大的硬化水泥路，其会被雨水和地表水长期冲刷，毁坏的速度就会非常快，如果建成青石板路的话，就不会存在上述问题，使用年限会长得多；第二，当地饲养牛羊的农户比较多，村子里的道路经常有牛羊穿行，其排泄物会时常堆积在村中新建的硬化水泥路上，比较难以清理，严重影响村容村貌，也污染环境。如果建成青石板路的话，情况就会好很多。第三，大羊村附近有丰富的可开采的石头资源，可以就地取材，因为距离很近，所以运输成本也不高，比建水泥路的成本要低得多，是相当实惠的。显然，正是因为当地的相关部门在扶持人口较少民族项目的施工过程中没有充分听取群众的意见，才导致花了很大的力气才完成的施工项目，最后当地普米族群众却并不满意的局面。

（三）过分强调经济建设，人口较少民族传统文化保护与传承的力度不够

客观地说，由于在人口上的明显劣势，人口较少民族是我国在文化发展上最脆弱的民族群体。在当代社会，极其脆弱的人口较少民族传统文化正在面临着日益严峻的生存危机。与经济建设方面的推进力度相比，一些地方政府对于推进当地人口较少民族传统文化的保护力度显然是不够的。以德宏傣族景颇族自治州为例，课题组发现当地人口较少民族传统文化正面临着如下一些现实的危机。

1. 民族语言文字的传承面临着严峻的挑战

语言文字是一个民族的重要特征和标志，也是民族文化传承的载体。德宏傣族景颇族自治州现有三种人口较少民族，截至2013年年底，景颇族有137697人，占全州总人口的11.05%，阿昌族有31246人，占全州总人口的2.50%，德昂族14753人，占全州总人口的1.18%。根据课题组对2013年秋季进入德宏职业学院就读的人口较少民族学生的调查统计，50位景颇族同学中，熟练掌握本民族语言的有34人（占68%），熟练掌握本民族文字的有3人（占6%）；5位阿昌族同学中，熟练掌握本民族语言的有1人（占20%）；1位德昂族同学，懂本民族语言，但不懂文字。这个调查结果表明，德宏傣族景颇族自治州人口较少民族语言文字传承的现实情况很不乐观。

2. 民族传统文化的传承后继乏人

近年来，因为当地政府对人口较少民族文化传承人的培养力度不够，而现存的部分民间艺人又缺乏必要的综合素养和专业技能，德宏傣族景颇族自治州人口较少民族文化传承人的“断代”现象开始凸显，出现了青黄不接、后继乏人的局面。与此同时，随着族际交往和跨民族通婚现象的日益增多，加上青壮年持续外出务工，没有了使用本民族语言的环境，使得文化的传承出现断层。而对于生

活在本地城市中的新生代人口较少民族群众来说，他们中有很大一部分人已经不会讲本民族语言，更不懂本民族文字。阿昌族正面临着传统语言失传的危险，目前德宏境内的阿昌古语已经流传不多，只有一些80岁以上的阿昌族老人会讲，中青年人所讲的现代阿昌语则多夹杂有汉语和傣语的成分。

3. 人口较少民族传统文化保护与传承的基础设施建设存在明显的不足

德宏傣族景颇族自治州作为具有5个世居少数民族（其中有3个是人口较少民族）的自治州，目前还没有一个综合性的州级民族博物馆，也没有州、县（市）级的单一民族博物馆，只有芒市的三台山乡有一个德昂族博物馆，瑞丽市、陇川县和梁河县都还没有文化馆业务用房。人口较少民族聚居的乡镇和村社虽然都建起了文化站（室），但其软、硬件设施还比较缺乏，设备陈旧简陋，场地有限，有的文化室甚至没有报刊架和阅览桌椅，日常管理经费更是匮乏，从而难以正常开展各种文化活动，无法满足传承和保护人口较少民族传统文化的需求。

4. 人才缺乏及经费投入不足制约了人口较少民族传统文化的保护和传承

高素质的文化工作者是有效开展人口较少民族传统文化保护和传承工作的关键，但是目前德宏傣族景颇族自治州的文化服务系统比较缺乏专业人员，县（市）级文化部门主要成为解决当地歌舞团大龄人员转岗安置的去处；部分乡镇文化中心则成为了解决其他部门的富余人员的安置点。各县（市）从事文化工作的部分人员不具备相关的理论知识，有的不懂少数民族语言，从而难以有效地开展人口较少民族传统文化的传承和保护工作。州级财政未将人口较少民族传统文化的传承与保护的工作经费专门列入预算，导致一些相关工作难以正常开展。

（四）政出多门，管理上的协调性较差

当前一些地方政府在实施扶持人口较少民族政策时，存在着相关部门各自为政，甚至相互扯皮的现象，资金分配存在很大的随意性。各部门资金投入渠道多，缺乏统筹管理，普遍存在分散和交叉使用的现象。① 以贡山县和兰坪县为例，当地扶持人口较少民族工作都是依据云南省怒江傈僳族自治州编制的《怒江州扶持人口较少民族发展规划（2011—2015年）》来具体开展的（贡山县和兰坪县均隶属于怒江州），共涉及六大工程的56个具体项目。其中的基础设施建设工程涉及13个具体项目，各有1~7个州政府下属的相关责任部门，责任部门中列在首位的为牵头部门，其余为配合部门（见表1）。

表1　怒江傈僳族自治州扶持人口较少民族发展基础设施建设工程责任部门一览表

具体项目	责任部门
1. 建制村通沥青（水泥）路建设	怒江州交通局
2. 自然村通公路建设	怒江州发改委
3. 中低产田改造	怒江州中低产田改造办、发改委、国土局、农业局、水务局、农业开发办、烟草公司
4. 中低产林改造	怒江州林业局、财政局
5. 农村安全饮用水建设	怒江州水务局、发改委
6. 建制村通宽带建设	怒江州工信委
7. 自然村通电话建设	怒江州工信委

① 何志鹏、孟凡生：《人口较少民族发展政策与管理机制研究》，载《贵州民族研究》，2013（2），37页。

续表

具体项目	责任部门
8. 通电建设	怒江州能源局、供电公司
9. 清洁能源建设	怒江州林业局、农业局、财政局、发改委
10. 农村危房改造	怒江州住建局、发改委
11. 卫生厕所建设	怒江州卫生局、财政局
12. 异地搬迁	怒江州发改委、住建局、国土局、移民局、扶贫办、林业局、环保局
13. 特色小城镇建设	怒江州发改委、住建局、旅游局

资料来源：本所所有数据均是课题组实地调研获得的。

据课题组统计，共涉及 19 个责任部门，其中有 9 个是牵头部门（责任部门中排在首位的为牵头部门），但是唯独缺少了怒江傈僳族自治州民族宗教局的参与，如此多的责任部门参与到基础设施建设工程中，必然会导致政出多门、多头管理的局面。政出多门造成的负面影响是显而易见的，我国地方上每年的扶持人口较少民族项目往往都是当年规划的项目要到第二年的下半年才能实施完成，少数情况下甚至要到第三年的上半年才能最终完成，究其原因，资金下拨的滞后性是一个原因，政出多门、管理上的协调性较差无疑也是一个很重要的原因。

课题组在德宏傣族景颇族自治州调查时发现，扶持人口较少民族项目是每年规划一次，由于个别由民族宗教局规划的项目与其他责任部门的规划项目发生重复而不得不临时变更，从而导致部分项目进度推进缓慢的情况每年都会时有发生。在贡山县，当地的草果种植扶持项目有多个部门参与其中，涉及贡山县农业局、民族宗教局、林业局和扶贫办等，各部门从立项到实施都是各干各的，相互间缺乏足够的沟通，更谈不上协调性，这种各自为政、缺乏协调性的现象，造成草果种植扶持项目在实施过程中所产生的各种问题难以得到妥善的解决。

二、完善我国扶持人口较少民族政策的基本策略

（一）加大对人口较少民族聚居地区专业技术人才队伍建设的资金投入，以切实提升当地基本公共服务的水平

建议以后的扶持人口较少民族政策要改变扶持项目资金过于偏重基础设施建设的局面，要加大对专业技术人才队伍建设的资金投入力度，改变看重“物”、轻视“人”的错误导向，以切实提升当地基本公共服务的水平。具体来说，要对人口较少民族聚居地区专业技术人才的工资水平、福利待遇、职称评聘、外出进修和业务培训等方面给予一定的政策照顾和财政倾斜，以较为优厚的条件来吸引优秀人才，不断优化专业技术人才队伍的年龄、学历和职称结构，大力培养人口较少民族教师、医生和文化工作者。

以卫生系统专业技术人才队伍建设为例，建议从以下一些方面着手加强人口较少民族聚居地区专业技术人才队伍的建设：（1）给予特殊的医疗卫生人才培养政策。通过定向培养、委托培养等方式选择人口较少民族聚居地区品学兼优的应届高中毕业生到医学院校学习，从而提高当地医疗卫生人才的整体水平。（2）给予一定的人才招聘自主权。鉴于人口较少民族聚居地区面临的一些实际困难，建议对所招聘的一些医疗卫生专业紧缺人才的学历要求由本科降为专科，护理人员的招聘条件也相应降低，在人才招聘上给予用人单位以充分的自主权。（3）妥善解决医疗卫生人才的后顾之忧。比如，解决他们的住房、配偶工作和子女就学问题，以便更好地吸引和留住高素质人才。（4）妥善解决乡村医生的待遇问题。比如帮其缴纳

养老保险，提高待遇水平，激发他们的工作积极性。（5）加大农村医疗卫生队伍建设的力度。通过实施一些相关的倾斜或优惠政策，鼓励有执业医师资格证的人员到乡镇卫生院和农村卫生室去工作，以切实改善农村医疗卫生专业人才队伍的结构。

（二）鼓励人口较少民族群众积极参与到扶持工作中来，大力加强对人口较少民族的教育扶持，培养与提升其自我发展的意识与能力

要注重人口较少民族群众对扶持工作的参与意识的培养，充分听取和吸收他们的合理化建议，同时相关部门在工作中要注意不能破坏人口较少民族群众的传统生活方式和文化的自然延续，让人口较少民族群众在参与中增强能力、更新观念和开阔视野，实现人口较少民族的发展模式由外源式向内源式的转变。唯有如此，才能让扶持工作最大限度地符合地方实际，充分体现民族特色，并最终提升人口较少民族的自我发展能力。

制约我国人口较少民族的自身发展的原因有很多，但最根本的原因在于人口较少民族聚居地区教育事业的极端落后。总的来看，当前人口较少民族聚居地区的教育质量还比较低下，当地群众的受教育年限短，整体的科学文化素质还比较低，这严重制约了他们的自我发展能力。对人口较少民族的扶持应该是个综合性的社会工程，国家投资改造基础设施、改善生活条件是为了让人口较少民族聚居地区有一个好的发展基础和平台，而人口较少民族聚居地区未来发展的主体是人，因此当地群众的素质和能力的提升比基础设施建设更为重要。[①] 毫无疑问，只有通过发展教育来改变人口较少民族群众

① 黄建生等：《社会评估与民族地区发展：〈云南省扶持人口较少民族发展规划（2006—2010年）〉实施过程的社会评估》，146页，北京，人民出版社，2013。

的一些传统观念，提升他们的素质，才能促使他们充分认识到自我发展的重要性，进而付诸实践。

以贡山县为例，目前贡山县教育事业最大的短板是学前教育和高中教育，即便包括外流到外地读高中的学生，贡山县每年毕业的初中生只有大概三分之一能进入高中阶段继续学习，加上独龙族和怒族学生在学业水平上与其他民族学生相比并无任何优势，相反还处于劣势，因此独龙族和怒族学生进入高中（中专）及以上学校继续学习的机会比较少，一般都是在完成九年义务教育后他们便回家务农，或者外出打工。在贡山县，受客观条件的制约，有一部分贫困学生难以完成学业，而当地的贫困生救助体系和长效机制尚未得到完善。与此同时，贡山县中小学的整体办学水平比较低，师资力量不强，尤其缺乏高水平的骨干教师。贡山县历年高考的本科上线率（包括三本在内）一直在低水平徘徊，近 5 年的本科上线率都没有超过 25%，这是一个很不乐观的局面。(见表 2)

表 2　贡山县近五年高考情况统计表

年份	参考人数（人）	一本上线（人）	二本上线（人）	三本上线（人）	本科上线率（%）	一专上线（人）	二专上线（人）	总上线率（%）
2010	66	-	2	5	10.6	3	6	24.2
2011	77	2	5	6	16.9	5	33	66.2
2012	82	2	14	3	23.2	5	10	41.5
2013	95	-	9	10	20.0	5	65	93.7
2014	105	1	10	10	20.0	7	59	82.9

资料来源：本表所有数据均为课题组调研所获。

基于以上情况，建议对人口较少民族聚居地区的教育事业给予以下几个方面的大力扶持：第一，加大投入，不仅要改善人口较少民族聚居地区义务教育阶段的办学条件，也要切实改善高中阶段和学前教育的办学条件；第二，通过投入专项资金，大力提高人口较少民族聚居地区的教师，尤其是乡村教师的待遇水平，以吸引人才、留住人才；第三，实行人口较少民族聚居地区高中阶段免除学杂费制度，切实减轻当地高中学生的家庭经济负担，改变大量人口较少民族学生读完初中就走入社会的局面，突破当地在高中阶段的办学“瓶颈”。第四，对于人口较少民族贫困学生在教育救助方面给予特殊的倾斜政策，不让一个人口较少民族学生因为贫困而辍学。

（三）加强人口较少民族传统文化的保护与传承

人口较少民族的发展并非只是简单的经济发展，更重要的是要实现传统文化的保护与传承。如果在发展过程中不懂得民族传统文化的价值，认为它是现代化发展的障碍，就会最终导致一个民族或族群的消失。人口较少民族经济社会的发展不能代替其传统文化的发展，如果人口较少民族的发展要以丧失本民族传统文化为代价，那么即便是他们的生产生活条件有了质的飞跃，其幸福感也很难得到提高，相反可能还会出现一些不利于社会稳定的现象，诸如抱怨、酗酒、吸毒或自杀等。人口较少民族的发展应该建立在其传统文化的发展根基之上，这样才能真正体现以人为本的发展宗旨。① 基于此，建议采取以下措施来加强我国人口较少民族传统文化的保护与传承。

1. 充分发挥学校教育对人口较少民族传统文化的保护和传承作用

建议人口较少民族聚居地区的中小学、职业学校和大专院校应当采取行之有效的措施，担负起保护和传承人口较少民族传统文化的责任，提高人口较少民族的文化自觉意识。首先，将人口较少民

① 袁春艳：《人口较少民族生存、文化与教育：基于云南省莽人的人类学考察》，226～227页，北京，中国社会科学出版社，2013。

族民间文化知识编入乡土教材，并列入学校的教学计划，邀请文化传承人到学校宣讲人口较少民族的传统文化；其次，设立双语特岗教师岗位，扩大双语教学点；最后，在各级各类学校开设人口较少民族传统文化传承班或选修课，并选拔出对人口较少民族民间传统文化感兴趣、有潜力的学生进行重点培养。

2. 加大民族文化专业人才的培养力度

要积极培养和引进通晓人口较少民族文化专业知识和市场经济运作的经营型人才和管理型人才；培养一批熟悉人口较少民族语言文字的文化专业研究人才，发掘整理相关文化古籍，使民族传统优秀文化成果得以继承和发扬；在大中专院校设置相关专业，培养从事人口较少民族传统文化保护、传承及开发利用的专业人才。

3. 积极推进人口较少民族博物馆的建设

建议在人口较少民族聚居地区大力建设集收藏、研究和展示人口较少民族传统文化等功能于一体的州级和县级博物馆，开展对人口较少民族文化遗产管理、保护、展示和宣传等方面的工作，同时要加快博物馆管理人员和专业技术人员的培养工作。

4. 建立人口较少民族传统文化保护与传承专项基金

建议在人口较少民族聚居地区设立州级或县级人口较少民族传统文化传承与保护专项基金，基金由人口较少民族的民族文化传承人、文化研究组织及文化传播单位申请使用，用于维持传承和研究人口较少民族濒危语言文字、创建人口较少民族文化传承中心等工作的开展。

（四）确立民族工作部门在扶持人口较少民族工作中的核心地位，由其对扶持工作进行统一管理，提高效率并充分体现扶持工作的民族特色

为最大限度地避免扶持人口较少民族扶持工作政出多门、职能交叉、权责不一的局面，建议要明确民族工作部门是扶持人口较少

民族工作的责任主体，由其来统一管理所有扶持项目的规划、建设和验收等工作，来自各个责任部门的扶持资金也要由民族工作部门统一支配，从而避免“多龙治水”的局面。除此之外，由民族工作部门来统一管理扶持人口较少民族的工作，还能避免由其他部门主导某个扶持人口较少民族项目时，纯粹只从专业技术的角度出发，而很少从人口较少民族的传统文化、宗教信仰等角度出发来考虑问题的弊端。因为一些政府相关部门在主导扶持人口较少民族项目的实施时，可能只会把它看成是一个一般意义上的、与其他地区没有什么区别的扶贫开发建设项目，而较少考虑人口较少民族的文化、宗教信仰等因素，不能充分体现扶持工作的民族特色。

例如，课题组在贡山县独龙江乡的独龙族村寨调查时发现，当地政府为独龙族群众所建造的新式民居非常漂亮，是混凝土结构的，但是在新式民居中并没有专门设立火塘的位置（独龙族群众历来有一年四季都在火塘边烤火的生活习惯），也就没有预留排烟的孔道。课题组成员发现，一些独龙族群众在刚搬进不久的新式民居里的客厅和厨房就地烧起了火塘，结果把好好的墙壁给熏黑了。很显然，扶持独龙族项目的相关责任部门在规划和建设独龙族新式民居时，并没有充分认识到独龙族群众对于火塘的特殊情感，对独龙族火塘文化的巨大影响力估计不足。如果是由当地民族工作部门来主导独龙族新式民居的建设工作的话，这个缺憾应该是可以避免的。但是，如前所述，贡山县扶持人口较少民族项目中的基础设施建设工程一共涉及 19 个责任部门，但是唯独缺少了民族宗教局的参与，更谈不上主导了。